自主経営組織のはじめ方

現場で決めるチームをつくる

Astrid Vermeer & Ben Wenting
アストリッド・フェルメール
ベン・ウェンティング
嘉村賢州＋吉原史郎［訳］
ヨス・デ・ブロック［序文］

Self-MANAGEMENT

How it Does Work

英治出版

訳者まえがき

2018年1月に新しい組織の潮流を示した『ティール組織』（英治出版）が発売され、これまでにビジネス書大賞などを多数受賞して注目を集めました。また、ここ数年のあいだ、日本企業の事例やティール組織の実践を説く本も多く出版されました。働き方改革に象徴されるように、日本全体が個人の生き方、働き方を見直しはじめているなか、組織も進化を求められていることの表れだと言えるでしょう。

こういった組織論が共感を得て広がっていくのは、とてもすばらしいことだと思います。しかし、あまりにも常識からかけ離れた内容に「ティール組織になりたいが、理想論すぎて実現できない」と実践をためらう声や、経営者が突然ティール組織化を進めようとして階層構造の撤廃や給料の公開などをおこない、組織が混乱状態に陥ってしまったという声もよく聞きます。

では、どうすれば実践の一歩を踏み出せるのか？　本書は、こういう問いを持つ方々に対してひとつの具体的な実践論を示してくれます。著者の二人は、書籍『ティール組織』の中でも大きく取り上げられたビュートゾルフのコンサルタントをしていた人物です。ビュートゾルフは4人の看護師が2006年に立ち上げた訪問医療・看護の組織で、2020年現在は1万人を超える規模に成長しています。医療という、ときには厳しい現実とも向き合う業界でありながら、ビュートゾルフはオランダにおいて全業種を超えて最高レベルの従業員満足度で表彰されるなど、組織づくりの面で非常に注目されているのです。

著者の二人はビュートゾルフだけでなく、15年以上にわたってさまざまな業種・規模の組織の自主経営化に携わってきた実績があります。その知見が凝縮された本書は、実践に向けた確かな手がかりを提供してくれるでしょう。

今回、日本語版の出版にあたり『自主経営組織のはじめ方』というタイトルをつけました。原題は「Self-management（セルフ・マネジメント）」ですが、カタカナの「セルフ・マネジメント」だけだと、日本においては「一人ひとりが自分を律することができる」と個人の文脈で解釈されることが多いと感じています。そのため、『ティール組織』内の訳語である「自主経営《セルフ・マネジメント》」を踏襲しました。

ティール組織についてよくある誤解のひとつは、「自分を律することができる優秀な人たちが集まる組織でしか実現できないのではないか」というものです。実は、ティール組織の文脈においてSelf-management（セルフ・マネジメント）が表しているのは、個人のあり方ではなく組織構造のことなのです。「一人ひとりあるいはチーム単位の意思決定を中心にすえた組織構造になっている」という意味であり、権力が上部に偏っている階層構造と対照的な概念として捉えるほうが適切でしょう。


さらに補足すると、『ティール組織』の中では概ね二種類の自主経営《セルフ・マネジメント》組織が紹介されています。「個人主導型」と「チーム主導型」です。個人主導型は、一人ひとりが助言プロセス（本書の〈コラム８〉を参照）などを活用して自由に意思決定を進めながらも、集団としてまとまりのある活動を実現している組織です。世界中に広がっている「ホラクラシー」という手法や、アメリカ最大のトマト加工会社モーニングスターの運営方法などがそれにあたります。

一方でチーム主導型は、現場のチーム単位が意思決定権を持っている組織で、先述したビュートゾルフや、グローバルに展開するエネルギー会社ＡＥＳが代表的な事例です。
その意味で本書の内容はどちらかと言えばチーム主導型に焦点があたっていますが、「自己組織化の原則」「フレームワーク」などの考え方や、ＳＤＭＩのようなコミュニケーション手法は、どのような組織のあり方を目指すにしても、普遍的な示唆を与えてくれるでしょう。

この本はきわめて実践的なやり方を提供していますので、今後ティール組織のような現場主体の流動的な組織を実現したい経営者、その構築を担っている経営企画や人事部門の担当者、あるいは自分たちで自由な組織をつくりたいチームのリーダーやメンバーの方々にとって、次の一歩を後押ししてくれるでしょう。同時に、本の中盤から後半にかけては組織内のコーチのあり方、日々のミーティングのやり方、対立の乗り越え方などについても、具体的な方法論とともに示されています。そういう意味では、外部からの支援者として組織づくりをサポートするコーチやコンサルタントにとっても実務的なヒントが詰まった本と言えます。

また、日本語版の独自コンテンツとして、著者の許諾を得て私たち翻訳者によるコラムをいくつか追加しています。私たちは2015年にティール組織の考え方と出合ってから、日本において組織進化の探求と、さまざまな組織の実践支援をおこなってきました。多くの失敗も経験するなかで、大切なのは「手段」よりも「どんなあり方で組織と向き合うか」だと感じています。本書への理解を深め、より地に足のついた実践に活かすヒントとして、ティール組織の理論的背景や、私たちの経験から得られた学びを共有させていただきました。ぜひご活用ください。

この本をきっかけに、働く人々が組織内のしがらみに振り回されることなく、本来の仕事の喜びに触れながら、豊かな人生を送ることができる社会に近づいてほしいと願っています。そんなうねりの一翼を担えれば、訳者として大きな喜びです。

嘉村賢州、吉原史郎

自主経営組織のはじめ方

序文

2005年、私は、のちに〈ビュートゾルフ・ネーデルラント〉となる事業の全体像を初めて思い描きました。でも、日々の現場を自己組織化するにはどうすればよいか、明確になっていたわけではありません。当時の私は、組織をきちんと管理・監視するために必要な、さまざまな「マネジメントツール」に馴れ親しんでいました。1980年代、すでに私は自主経営《セルフ・マネジメント》チームで訪問看護師として働いていたものの、「バランス・スコアカード」*を活用すれば十分だと思っていました。

1990年代になると、私は、本書の著者であるベン・ウェンティングやアストリッド・フェルメールと議論を重ねるようになりました。私たちは一貫して、理想的な組織の基本原則は、「自主経営《セルフ・マネジメント》」と「自己組織化」だと考えてきました。なぜなら、「マネジメント思考」がもたらす負の影響が、看護師たちの日々の仕事に大きな負担をかけていたからです。またそれが、患者のケアに対しても深刻かつ

＊ 1990年代にアメリカで開発された業績評価ツール。

直接的な影響をおよぼしていました。

ですから、２００６年にビュートゾルフ・ネーデルラントを設立したとき、自主経営組織を支える仕組みを創り上げるために、ベンやアストリッドと協力したのは当然の流れでした。

それから10年以上経った今、オランダ内外に与えた影響の大きさを思えば、この協力関係がかなりの成果をあげ、発展を遂げてきたことがわかります。

本書は、自主経営が単なる子どもだましではないことを教えてくれます。また、いくつもの階層に分かれたマネジメントをただ解体すれば事足りるわけではないことも明らかにしています。

自己組織化と自主経営は、人々に対して、これまでとは本質的に異なる観点を提供してくれます。人々が、日々の仕事に必要な活動を自己組織化するためには、どのように協力しあえばよいか？　本書は、その道筋を示してくれます。

「過剰な管理、指示、ルールを徹底すること」と「できるかぎり良い仕事をしたいと願う人々に信頼を置くこと」とは相容れないものです。

本書の優れた点は、より人間らしい組織づくりを実践するうえで、実際に何が必要なのか、その全体像を描いていることです。ベンとアストリッドは、自主経営に関する豊富な知識と経験を生かして、誰でもすぐに理解できるよう、わかりやすく解説しています。

そもそも、自己組織化の目的とは何でしょうか？　まさに「より良いサービスの提供」であり、「より有意義な仕事」を実現することです。本書が、その手助けになることを願ってやみません。

ビュートゾルフ・ネーデルラント　ヨス・デ・ブロック

はじめに

長年にわたり、私たちは数多くの組織に関わり、階層型から自主経営《セルフ・マネジメント》への移行を支援してきました。その過程で、さまざまな経験と知見を積むことができました。最大の学びは、どの組織にもあてはまる変革メソッドなど存在しないということです。それくらい自主経営は、組織ごとに異なる、つねに新しい運営方法なのです。

自主経営の鍵は、現場のチームメンバーが中心となることです。そのためには、お互いの知識と技術に対する信頼が欠かせません。これは自主経営に移行するうえで最も重要ですし、組織全体で認識しておくべきことです。だからこそ、どんな組織構造が求められる（あるいは望ましい）のかは、すべての組織において異なるのです。

自主経営への移行に欠かせないのが、経営陣全員が自らの意識を変えることです。もし誰か一人でも、組織のあらゆるメンバーの知識と技術を完全に（まさに「完全に」）信頼していなければ、変革は非常に険しい道のりをたどり、ほぼ確実に失敗するでしょう。そして、自主経営は「不可能な組織モデルだった」と切り捨てられてしまうのです。これはとても残念なことです。私たちは実際に成功を収めた数々の事例を知っているのですから！

人々がつねに変化しつづけて「自主経営を支持する」マインドセットを育み、適切に組織を変革できれば、前向きな効果がはっきりと現れてきます。たとえば「顧客満足度の向上」にとどまらず、「従業員満足度の向上」「組織の部門を越えて、より良い協力関係が生まれる」「諸経費が削減される」などです。

そこで本書では、次のような内容を中心に解説しました。

まず、組織を自主経営に移行していく方法について述べています。

次に、経営者やマネジャー、間接部門、コーチ、チームメンバーなど、役割ごとに重要なポイントを説明しています。自主経営への移行をきちんと進められるように、実践的なツールも提供しています。また、解決指向のコミュニケーションという、自主経営組織で効果が実証された方法論についても紹介します。これらの要素をしっかり理解してもらうために、日々の連携やミーティング、紛争への対処など、さまざまな具体例を挙げながら詳しく説明しています。

これらは西洋文化において実践を積んできたものなので、東洋文化ではなじまない表現や解決策があるかもしれません。それでも、読者の皆さんに「これなら自分たちの組織に合った自主経営を始められそうだ」と感じていただける事例やヒントは十分に提供できていると思っています。覚えておいていただきたいのは、階層構造から自主経営組織に移行したければ、現場業務の管理を手放して、ファシリテーションすることがきわめて重要だということです。

ぜひ本書を楽しんでください。そして、本書を活用して自主経営を実践しようとする読者とチームメンバーの皆さんに、幸運と成功が訪れることを、心から願っています。

２０１９年４月　アストリッド・フェルメール
ベン・ウェンティング

目次

第1章 自主経営の誕生　27

第2章

階層型から自主経営へ 55

第3章

マネジャー

第4章

間接部門

117

第5章 チームコーチ 131

第6章 自主経営チーム 159

第7章 解決指向のコミュニケーション 199

第8章 解決指向のミーティング 227

第9章

対立に対処する

第10章
最後に……よくある質問

凡例
書誌情報や訳注は脚注に記載しています。
SDMI®は登録商標です。本文中では、SDMIと表記しています。

自主経営組織のはじめ方

第1章

自主経営の誕生

政治あるいは社会の改革は、
精神の変化を伴わないのであれば、ほとんど役に立たない。

——ギュスターヴ・ル・ボン

19世紀に産業革命が進展すると、商品やサービスの生産・提供活動は、階層型組織モデルでおこなわれるようになりました。このモデルの前提となったのは、次のような考え方でした。

「規則を統一して監督すれば、組織のプロセスを管理できる。そうすれば、財務的な健全性を保ち、利益をあげることができる」

この前提に立つと、財務的な実績をあげるには、作業の分業化と個別化が必要だということになります。一方で、現場業務に精通している人から意見を聞いたり、業務内容を重視した作業プロセスをつくったりすることは、さほど重視されません。その結果、それぞれの持ち場で個別の作業に取り組む人が、組織全体へのつながりを感じられなくなったかもしれません。そうなると、従業員の仕事への関心が薄れ、仕事に対する責任感を失ってしまうおそれも出てきます。ところが、経営陣はそれを無視して、従業員に責任感を求めます。しかし、仕事がどのように構造化されているかなど従業員は知るよしもなく、責任感を奮い起こすことができません。

近年、従来型の組織のあり方ではもはや十分でないことが、ますます明らかになってきています。なぜなら、現代の社会人は高い教育を受けており、質の高い仕事をして、成果をあげるために、自らの知識と技術を役立てたいと熱心に思っているからです。

最近では、新しい取り組みが生まれつつあります。その背景には、財務的・経済的な動機もありますが、商品やサービスの質を向上したい、環境の持続可能性に目を向けたいといった動機も大きな役割を果たしています。このような変化は、フレデリック・ラルーの『ティール組織』*でも詳しく取り上げられています。

＊『ティール組織──マネジメントの常識を覆す次世代型組織の出現』フレデリック・ラルー著、鈴木立哉訳、嘉村賢州解説、英治出版、2018年

以前のオランダでは、医療業界のほぼすべてで極端な細分化が進んでいました。それを何とか変えたいという思いから、ヨス・デ・ブロックは、ビュートゾルフ・ネーデルラントを設立しました。彼は、看護師やマネジャーとしての経験を積むなかで、現場業務の細分化がもたらす負の影響を痛感してきました。そこで彼は、仕事のやり方を変えようと決意したのです。彼は、こう考えました。

「現場の人々（看護師たち）こそ、その業務に精通している。だから、仕事に対する責任を彼らの手に戻さなければならない。それを実現するには、これ以上、業務を細分化しないで、現場の人々に作業をまるごと委ねるべきだ。現場の仕事を適切に組み立てるのに必要な、すべての作業が委ねられなければならない」

さらに、デ・ブロックは、トップとしての自分の責任を次のように捉えました。

「現場の人々が仕事をこなすために必要な前提条件が満たされるようにする。また、仕事に必要なリソースが入手可能であることを保証する。そして、組織の財務的な健全性が確実に維持されるために適切な対策を講じる」

その結果、組織の現場業務が指針となり、マネジャーの仕事は「管理」から「ファシリテーション」へと変化していきました。

チームは、メンバーが集合的にチーム全体の成果に対して責任を持つような形で編成されました。

チームの全員が力を注ぎ、仕事の構造化を進めていったのです。

こうして、自主経営《セルフ・マネジメント》や自己組織化が可能なチームが誕生したのです。

この新しい組織は、どのようにして生まれたのか？　それは、仕事をどう体系化するのか、また、その仕事をこなす人々をどう捉えるのかについて、これまでにない発想をすることによって誕生しました。それは、従来の階層型の考え方とは異なります。階層型では、従業員の代わりに組織を管理しますが、自己組織化組織では、従業員と一緒に組織を運営します。これが、現場では天と地ほどの違いを生むのです。

自主経営チームを導入すると、どのような影響があるのか？　それについては、「自主経営の効果」という項で詳しく説明します。

多くの経営者が自己組織化の利点に気づき、自分の組織を階層型から自主経営へ移行できないかと検討をはじめています。本書では、この移行を実現するために何が必要なのか、その実践的な方法を提供しています。

この章ではまず、「自主経営」や「自己組織化」が、なぜ生まれたのかについて論じていきましょう。

なぜ自主経営に移行すべきなのか？

経営者はまず、「自主経営化によって何を達成したいのか？」と自問するでしょう。自主経営化すれば予算をうまく管理できるといった、財務的な効果に目を向ける人もいるかもしれません。この考え方でも、ある程度まではうまくいきます。チームメンバーが自らの仕事を組み立てる責任を持てば、管理職が不要になるからです。そうなれば、経費はかなり節約できるかもしれません。ですが、自主経営は、単に管理職という階層をなくし、従業員に対して「これからは自律してもらうから、仕事に責任を持つように」と宣言するだけの話ではありません。

そんな考えは、自己組織化の土台となっている原則を無視することになってしまいます。もちろん、最初は経費を削減したいという動機で自主経営化を始めることもできるでしょう。しかし同時に、自己組織化の原則を受け入れなければ、目に見える効果をあげることはできないのです。

従業員の代わりに物事を考え、上からの立場で従業員を管理しながら、同時に自主経営を取り入れようというのは矛盾しています。この矛盾を抱えたままだと、組織が発展していく過程に大きな影響を与えつづけるでしょう。私たちの経験から言えば、こうした状況下では、真の意味で自主経営が軌道に乗ることはありえません。

経営陣が自主経営の根底にある原則に賛同できないなら、階層型をそのまま残しておいたほうが、まだましと言えるでしょう。

目的ではなく手段としての自主経営

繰り返しになりますが、自主経営は、仕事や従業員が果たす役割に関する、これまでとは違った考え方から必然的に導かれる選択肢として生まれたものです。自主経営は目標ではなく、仕事そのもの、つまり現場業務を組織の中心に置くための手段なのです。

自己組織化を促す方法はいくつもあり、分野によって異なります。ビュートゾルフにおける自主経営は、教育機関やビスケット工場における自主経営とは違うものになるでしょう。ビュートゾルフの仕事はひとつの分野、具体的には在宅ケアに限られるので、実質的に一人の責任者だけでマネジメントが可能です。

一方、職業訓練施設などでは、教えることがたいてい複数の分野にまたがっているので、それこそ学生の数だけ指導するキャリアが異なります。また、全体責任者とは別に、それぞれの部門に責任を持つマネジャーもいます。とはいえ、自主経営化された組織では、どんな組織であれ、現場業務からの要請に基づいて意思決定が下されます。

自主経営を目的ではなく手段として捉え、その考え方に沿って組織を発展させていけば、自主経営組織は必ずや成功するでしょう。

自主経営は、どのように機能するのか？

自主経営組織がどのようなものか、簡単に説明しておきます。

チームメンバーは、チームの結果に対して全員で責任を負います。チームの意思決定は合意《コンセンサス》によるものなので、メンバーの一人ひとりが決定事項に対して個人的に責任を持つことになります。

マネジャーは、ビジョン、仕事を進めるためのフレームワーク、組織の方針などについて、定期的にチームと議論します。

また、チームにはコーチがつき、必要に応じて支援や助言《アドバイス》を提供します。

スタッフ機能やサポート機能を担う人々は、経営陣やチームに助言《アドバイス》をおこない、現場のチームにとって特化しすぎている作業を引き受けます。

さらに、十分な機能を持った使いやすいＩＴシステムを活用し、チームメンバーが仕事の構造化に必要な情報を確実に得られるようにします。

なお、自主経営組織についての定義は、次章以降で、詳しく述べていきます。

フレームワーク

自主経営について論じるときによく出てくるのが、「フレームワーク」という言葉です。フレームワークは自己組織化にとってとても重要です。仕事の責務を果たす枠組みをチームに与え、組織の健全性を保つために必要な最低限の条件を示すからです。

通常、フレームワークは経営陣が案をつくり、そこから現場のチームメンバーとの対話の中で議論を重ねながら決めていきます。この対話が大切です。チームメンバーは、フレームワークが自分事になれば、それを支持したいと思うからです。

フレームワークは、チームが十分に余裕を持って活動できるように設計しましょう。フレームワークが多すぎたり厳しすぎたりすると、自主経営の度合いが制限されてしまいます。フレームワークはあくまで仕事を補助するもので、邪魔になってはいけません。したがって、経営陣がフレームワークについてチームやコーチと継続的に対話する場を持ち、変更や調整に柔軟に対応できることが重要です。

フレームワークは、たとえば次のような領域に対して設定されます。「生産性」「チームワーク」「チームメンバーの学歴要件」「品質」「顧客満足度」「地域における活動範囲」「仕事に割かれるリソース」などです。なかでも、良好な組織風土はきわめて重要なので、チームワーク関連のフレームワークは欠かせません。たとえば「チーム内の違いを尊重すること」も、チームワークに関して合意できるフレームワークのひとつだと言えるでしょう。

これまで見てきたように、フレームワークは可能なかぎり少なくしつつ、仕事に直結するものを設定すべきです。これは業務内容、部門、あるいは分野によって異なるかもしれません。また、フレームワークは組織のミッションを反映するものでもあります。たとえば在宅ケアの組織であれば、「利用者が〝家で普通に暮らすように〟生活できるよう支援する」という点で合意するかもしれません。

現場で品質をどう担保するのか？

自己組織化に対してよくある批判のひとつが、「品質保証はどうなりますか？　現場の人間に任せるわけにはいかないでしょう！　彼らには知識も、全体を見る力もないんだし……」というものです。これに続いてよく耳にするのが、現場業務に精通している人々の知識や技術の質に対して、ほとんど信頼していない主旨の発言です。ですが、自己組織化の柱のひとつはまさにそこ、現場の人々を信頼することにあるのです。なんといっても、彼らは自分の仕事を果たすための訓練を受けてきているのですから。

同じことが、品質保証にもあてはまります。もしかしたら、チームは品質基準という観点で考えることや、品質基準を具体的なものにすることに（まだ）慣れていないのかもしれません。だからといって、高い品質がどういうものか、まったく理解していないわけではありません。

マネジャーや間接部門の仕事は、チームの品質保証活動を支援することです。そのために、現場で実践できる品質フレームワークやひな形《フォーマット》を提供することもできるでしょう（ただし、チームメンバーがこれらのツールを必要としている場合に限ります。彼らが自分たちで品質管理ツールをつくれないなど、誰が決めたのでしょう？）。

マネジャーがチームの仕事を見て、品質を満たしていないと感じたら、チームとのミーティングの際に、こんな質問をしてみるのもいいかもしれません。

「このチームで、品質を保証するためには何が必要だと思う？」

もしチームが明快な答えをすぐに出せないなら、マネジャーは、他のチームの実例を挙げたり、品質管理責任者がいれば紹介したりといった支援をしてもいいでしょう。あるいは、チームが品質について明確な合意にいたるまで、コーチが支援するのもいいかもしれません。

「品質保証」には、さまざまな定義があるはずです。たとえば、「完成品が顧客のもとへ送られる前に確認すべきチェックリストをつくる」とか、「患者の健康状態を参照できる、優れた報告の仕組みを使う」とか、「生徒の進捗をモニタリングする仕組みを導入する」などです。

どのような品質保証の仕組みを開発するにしても、それを使う現場の人間が「その仕組みは役に立つし、機能している」と実感することが重要です。でなければ、逆効果になってしまいます。

必要最小限のルール

従来型の組織では、人は組織内のシステムを監視して管理しようとするし、監視のための規則を設けようとします。この結果、誰もが従わなければならない無数のルールや手続きが生まれます。組織にいる多くの人が、ルールの制定だけでなく、すべてのルールが守られるようにすることも求められるのです。

自主経営組織は、チームの成果に役立つことが行動基準となります。つまり、役に立たないものは不要とみなし、取り除こうとします。

組織が階層型から自己組織化組織へと移行するとき、まず問題になることは何でしょう？　それは、階層型組織で求められていたルールの多くが、チームにとって邪魔者だったということです。

あるルールが本当に現場業務の役に立っているのか、チームメンバーで検討することが重要です。役に立っていないなら、そのルールは捨てればいいのです。経験上、かなりの数のルールが廃止されることもあります。

社員2000人を擁するある組織では、自主経営への移行に向けた初期段階で、すべてのルールや手続きの棚卸をしました。その総数は1200にものぼり、長期勤続を祝うものから品質管理に関するものまで、さまざまでした。社員の協力を得ながら、それらのルールは検証され、仕事に直結するものだけが洗い出されました。すると、その数は300にまで減ったのです！

不要なルールや規則をなくせば当然、組織の全体像がもっと見えやすくなります。さらに、余計な業務がなくなるため、時間の余裕も生まれます。その時間は、たとえば患者の世話や、生徒の指導など、重要な作業に充てられるようになるのです。

運用の違いはあってもいい

チームが自分たちの仕事に打ち込み、自ら意思決定を下せるような明確なフレームワークができたら、チーム間の違いが少しずつ、でも確実に見えてきます。このような違いがあることに、管理中心で考えるマネジャーは苛立ったり、認めなかったりするかもしれません。なぜなら、「正しいこと」と「間違っていること」との境界がわかりにくくなるからです。

ところが、現場業務に焦点をあてて考えれば、顧客のニーズに応えるために、チーム間の違いが必要となる場合もあります。結局のところ、これも自己組織化の目的のひとつなのです。たとえば、ある在宅ケアのチームが活動する地域が、若くて働いている人が多い地域であれば、高齢者の多い地域で活動しているチームとは異なる合意事項のもと、異なる運営方法が求められることになるのです。

自主経営は職種にどう影響するのか

自己組織化は、仕事がどう構造化されるかだけでなく、仕事の進め方自体にも影響を与えます。ここでは、階層型組織と比較しながら、自己組織化組織の中で働くとはどういうことなのか、機能別に概観していきます。

さらに詳しい内容については、第2章以降で考えていきます。

管理職（経営陣、上層部）の仕事

階層型組織では、管理職の仕事のひとつは「結果と品質のモニタリング」です。マネジャーはそれぞれ、自分の配下にいる部下を管理します。組織によっては、階層が5つもあるかもしれません。それに対して自主経営組織では、チームメンバーは自分自身と、メンバー相互のモニタリングをおこないます。

階層型組織では、現場のマネジャーが業務の管理者となるため、チームの実績をモニタリングしています。この仕事をチームメンバーが担うようになれば、現場のマネジャーがやるべきことは、おそらく、なくなるでしょう。いや、むしろ、なくなるべきなのです。チームメンバーとマネジャーの両方が結果責任を担っていたら、うまくいくはずがありません。

自主経営組織がさらに発展していくと、中間管理職の存在が、どの程度正当化できるかが見えてきます。業務分野やチーム数によって、この階層が実用的かどうかも明確になるはずです。

業務分野や活動地域が多岐にわたる組織は、業務分野や地域ごとにマネジャーを置く場合が多いでしょう。たとえば小売チェーンなら、商品グループごとに担当マネジャーを置き、その上に彼らを統括するマネジャーを配置するでしょう。入院・外来の両方で治療を提供する医療機関の場合なら、入院治療担当のマネジャーに加えて外来治療担当のマネジャーも置き、さらに両者と協力して組織全体の方向性を決める責任者を置くかもしれません。

その一方で、管理職の地位をすべて廃止して、地域マネジャーや商品マネジャーが自主経営チームを形成し、それぞれが組織全体に責任を持つ事例も出てきています。

では、自主経営組織におけるマネジャーの仕事は、どのようなものになるのでしょうか。大きく分けると、次の３つになります。

1　組織のビジョンとミッションが、組織の内部と外部に対して確実に実行されるようにする。

2　チームのファシリテーションをおこなう。仕事をするために、チームメンバーが必要としていることは何か？　フレームワーク以外にも、チームの予算、専門家への協力要請、住居、教育を受ける機会、情報システムなどが必要になるかもしれない。

3　事業や組織に最終責任を持つ。つまり、ときには難しい決断も迫られる。たとえば、フレームワークを守らないチームや、仕事をおろそかにする従業員が出てきた場合の対処など。

自主経営組織におけるマネジャーにとって、最大の変化のひとつは、考え方の変化です。それは、チームの代わりにではなく、チームメンバーと一緒に考えるということです。

言い換えれば、マネジャーの仕事は、チームメンバー全員にとって何がいいかを自分が知っていると思い込まずに、みんなが何を必要としているかをメンバーに聞くことです。

間接部門

階層型組織では、間接部門が手順や規則をつくります。その目的は、現場業務を（もっと）管理しやすくすることです。また、現場の作業員に対して、特定業務について助言をおこなうこともします。

自主経営組織では、組織プロセスを管理する必要性が低くなるため、ルールを設ける作業も減りやすくなります。

間接部門は、同じように見える問題でも、多様な解決策を考えることに、より集中することが求められます。自己組織化組織では、チームメンバーは、顧客のニーズに十分応える必要があります。たとえば、ある解決策がうまくいくチームとそうでないチームがあるとします。であれば、うまくいかないチームのために別の解決策を考えなければなりません。消防隊が火事に対処するのはどこでも同じですが、都市部の消防隊と地方の消防隊では、消火の方法にも違いが出てくるということです。

間接部門の従業員は、顧客目線の姿勢を持たなければなりません。そうすれば、チームが必要としている具体的な解決策に「顧客に寄り添って考える」ことができるようになります。

チームメンバー

チームメンバーが自主経営を始めると、大きな変化が起こります。

階層型組織では、意思決定はマネジャーが下すので、メンバーはあまり責任を負いません。従業員一人ひとりは、マネジャーと一対一の関係性に置かれているのです。具体的には、部下は上司から仕事を与えられ、その仕事に対する最終的な責任を負いません。

自主経営組織では、チームメンバーは全員でチームの結果に責任をとります。そこで必要とされるのは、誰もが協調的な姿勢を持つことです。また、チームが問題の泥沼にはまらずに前進できる合意を形成するためには、解決指向のコミュニケーションを活用することも重要になってきます。

自主経営では、チームメンバーが結果に対して連帯責任をとるため、意思決定は合意《コンセンサス》によっておこなわれます（これは「反対がない」という意味です）。つまり、その決定をチームメンバー全員が受け入れているので、責任感を持つことができます。このように、良質なチームミーティングをおこなうことは、自主経営チームを支える柱のひとつと言えるでしょう。

チームメンバーは、お互いに助け合うことになります。とりわけ重視しているのは、「メンバーたちがそれぞれの特性を生かして働いているか」という点です。同僚が仕事の責務を果たせない場合は、チームメンバー同士で話し合いの場を設けます。これは、必ずしも簡単なものではありません。以前は階層型組織で、上司がこの役割を担っていた場合、チームメンバーが問題への対処にまだ慣れていないことがあるからです。

最後に、自主経営チームで働くには、チームメンバーにある種の起業家精神が求められることを強調しておきたいと思います。チームの生産性が落ちてきたと感じたら、チームがもっと費用対効果の高い形で力を発揮できるよう、自ら対策を練る必要があるからです。

チームコーチ

自主経営組織においては、チームは通常、運営を手助けしてくれるコーチに頼ることができます。ただし、コーチはチーム内で話される議題について発言権を持たず、チームの一員でもありません。コーチは、チーム全体と個別のメンバーを支援するためにいるので、いかなる状況でも、チームメンバー全員にとって頼れる、そして客観的な相談役でいることが重要です。客観性を保ち、意見を押しつけない接し方ができれば、コーチはチームメンバーが自分で最適な解決策を見つけだせるような支援が可能になるでしょう。

チームに良い支援を提供するためには、コーチは安心・安全な環境をつくらなければなりません。それは、チームメンバーが自分のミスや失敗について話しやすく、どんな質問をしてもよいと思えるような場をつくることです。

自己組織化組織における労使協議会

階層型組織では、従業員は通常、組織内での決定事項に異議を唱えることができません。そのためオランダでは、従業員が意見を言えるように、労使協議会の設置が義務づけられました。労使協議会では、従業員から選ばれた代表が、組織的な決定事項や、従業員の関心が深い労働環境などについて、経営陣と話し合います。

しっかりと組織された自主経営組織に労使協議会が必要なのか、という意見もあるでしょう。まさに、ビュートゾルフ・ネーデルラントがそうでした。この組織はチームにかなりの権限を与えていたので、チームは、自分たちの作業環境を自ら改変する機会を存分に持っていました。このためビュートゾルフは、労使協議会法からの例外を認められていたのです。

しかし、ビジョンや方針、組織の変革といった重要な問題に対して経営陣に影響を与えるためには、やはり労使協議会があるほうが望ましいという場合もあるでしょう。ですが、職場の代表としての協議会の役割は、もはや必要ないのです。

落とし穴

ここで、自主経営組織を構築する際に見られる「落とし穴」について、最も一般的なものをいくつか紹介します。

■他人の代わりに考えてしまう

自主経営が力を発揮するためには、あらゆるメンバーが連携しあうことが必要となってきます。メンバーは、それぞれの役割の中で、できるかぎり優れた製品やサービスを提供するために、最善の仕事を果たしています。ところが、何が最善かを他人から決めつけられると、本人のプロ意識が無視されることになりかねません。そうなると、メンバー間で遺恨となり、連携を阻害することになるでしょう。

■チーム内に階層を生んでしまう

チームメンバーが組織づくりの作業をしている中で、誰か一人がその分野での「ボス」役を演じることがあります。そうすると平等性が失われ、自主経営チームの力が弱まってしまいます。

■ **管理しすぎてしまう**

人はルールづくりに慣れすぎているので、自己組織化組織になっても、ルールづくりをやめられません。それでは、チームメンバーが自分で判断する余地を奪うことになり、自主経営が軌道からはずれ、抑制されてしまいます。

■ **環境整備が不十分**

チームが現場の責務を果たすには、そのための仕組みが必要です。それを提供するのがマネジャーの仕事です。チームに対して、裁量の余地を十分に与え、価値ある情報を提供するといった環境整備がなければ、チームメンバーは成果を出すことができません。これも、自主経営がきちんと軌道に乗らない理由となります。

自主経営の効果

この章のしめくくりとして、自己組織化の優れた効果について述べておきましょう。

自主経営がうまくいく場合に見られる主な効果のひとつが、従業員満足度の大きな向上です。自分の仕事に対する権限を持っていると活躍しますし、厳しい条件下でも解決策を見つける創造力を発揮します。「今まで勉強してきたことが、やっと活かせるようになりました」とは、よく聞かれる言葉です。

マネジャーたちはしばしば、チームメンバーが任務を遂行する際に見せるプロ意識に驚かされます。これは当然、顧客満足度にも直接影響を与えます。顧客は、自分の意見がよりはっきりと相手に伝わり、自分の要望が考慮されていると感じるようになるからです。

自主経営は、組織にとっても優れた効果を発揮します。監視や管理の仕事がさほど必要でなくなり、間接費の大きな節約につながります。その結果、必要な人員も少なくなり、規則が減ることによって、組織の全体像がより見えやすくなります。コミュニケーションの流れも簡素化されるので、もっと重要な仕事に時間を割けるようになります。

基本的には、すべての人にとって意義あるものになると言えるでしょう。

自主経営の効果

- 従業員満足度の向上
- 顧客満足度の向上
- 間接費の節約
- コミュニケーションの簡素化
- ルールや規則の削減

コラム 1

新しい組織論に横たわる世界観——嘉村賢州

本書の内容は、『ティール組織』と非常に親和性が高く、実際に著者同士も長年の親交があります。『ティール組織』で著者のラルーは、新しい組織が生まれた時代背景について論じ、その特徴のひとつとして「自主経営《セルフ・マネジメント》」を挙げています。その事例で、本書の著者が組織開発に携わってきたビュートゾルフも大きく取り上げられています。

その意味で、ティール組織の理論的な背景を知れば、本書の立体的な理解に役立つでしょう。

「新しい組織」の時代が始まる

近年、世界各地で、ユニークな構造や慣行を採用する組織が注目を浴びています。特に、階層構造を捨て去ったブラジルのセムコ社や、「ホラクラシー」という手法を取り入れた靴の販売会社ザッポスが有名でしょう。

日本でも「サイコロ級」や「ぜんいん人事部」といった人事制度を展開する面白法人カヤックや、社内のあらゆるルールを撤廃して自由な組織づくりを追求するダイヤモンドメディア、株主総会を一般に公開し、短期的利益より理念の追求を宣言して上場会社のあり方を問い直そうとするサイボウズなど、新しい試みが増えてきました。

さまざまな事例があるものの、共通しているのは、「組織の捉え方《パラダイム》」が従来とは完全に異なっている点です。まさに今、価値観の大きな変化と、組織の進化が起こっていると言えましょう。

その変化とは、組織を「機械」から「生命体」へと捉え直すことです。組織を「機械」と捉える背景には、「予測と統制」という前提があります。「緻密にデータを集めて分析をおこなえば、未来は予測できる」し、「徹底的に考えられた戦略や計画をつくれば、安定して成果を生み出すことができる」という考え方です。産業革命から高度経済成長時代には、この前提のもと、多くのマネジメント手法が生み出され、大きな成果をあげてきました。

しかし現代は、不安定・不確実・複雑・曖昧なＶＵＣＡ時代と言われるように、外部環境の変化が速く、先の読めない時代です。さらに、メンタルヘルスの不調、数値改竄《かいざん》や忖度など、企業ではさまざまな問題が噴出し、組織は頭で描いた計画どおりには統率できないという認識が広がっています。

そこに登場したのが、組織を「生命体」と捉える考え方です。しなやかで（レジリエンス）、困難な環境においても予測を超える進化を生み出す（アンチフラジャイル）ような組織が、これからの時代を生き残るという考え方です。

「機械」の捉え方では、うまくいっている他の組織のやり方を踏襲することで再現性を図ろうとしてきました。しかし「生命体」の捉え方では、組織にはそれぞれ独自の進化が必要だと考えます。自然界には無数の生物の種があり、また人間も一人ひとり違うのと同じことです。そのため、メンバー一人ひとりが「ありたい姿」を探求し、発見していくプロセスを重視しているのです。

組織はどのように進化してきたのか

では、このような組織の進化は、なぜ起こるのか。それを解き明かそうとしたのが『ティール組織』です。『ティール組織』では、組織の歴史を、原始から現在にいたるまで、5つの段階で説明しています。

1つ目の「衝動型組織《レッド》」は、「一人のトップがすべて」という原始的な方法論で、部族の時代に生まれました。

現代ではギャングやマフィアのような組織です。短期志向で、スラムや破綻国家といった非常時や敵対的な環境に適しています。面倒見がよいトップならいいですが、行き過ぎると「逆らえば罰せられる」という恐怖によって統制されています。

2つ目の「順応型組織《アンバー》」は、長期的な視点と正式な階層を持つ組織で、より社会が発展し、大規模な組織を運営するために生まれました。

現代ではカトリック教会、軍隊、公立学校システムが例に挙げられます。指示命令系統や業務フローなどが発明され、前例の踏襲と秩序の維持が重視されます。そのため、階層の上下間の移動が難しく、変化や競争には向いていません。

3つ目の「達成型組織《オレンジ》」は、産業革命以降に発展した、現在では最も主流となっている組織の形です。現状を客観的に分析し、改善をおこない、目標の達成に向けて動き、イノベーションを指向します。グローバル企業が象徴的でしょう。

科学的マネジメントが重視され、実力主義が発明されました。その結果、誰もが出世できるようになり、競争に勝つことが追求され、飛躍的に生産性が高まりました。

しかし、弊害も生じています。階層の複雑化による経営スピードの劣化、出世から外れることへの恐

組織の進化の歴史と
ティール組織の3つの特徴

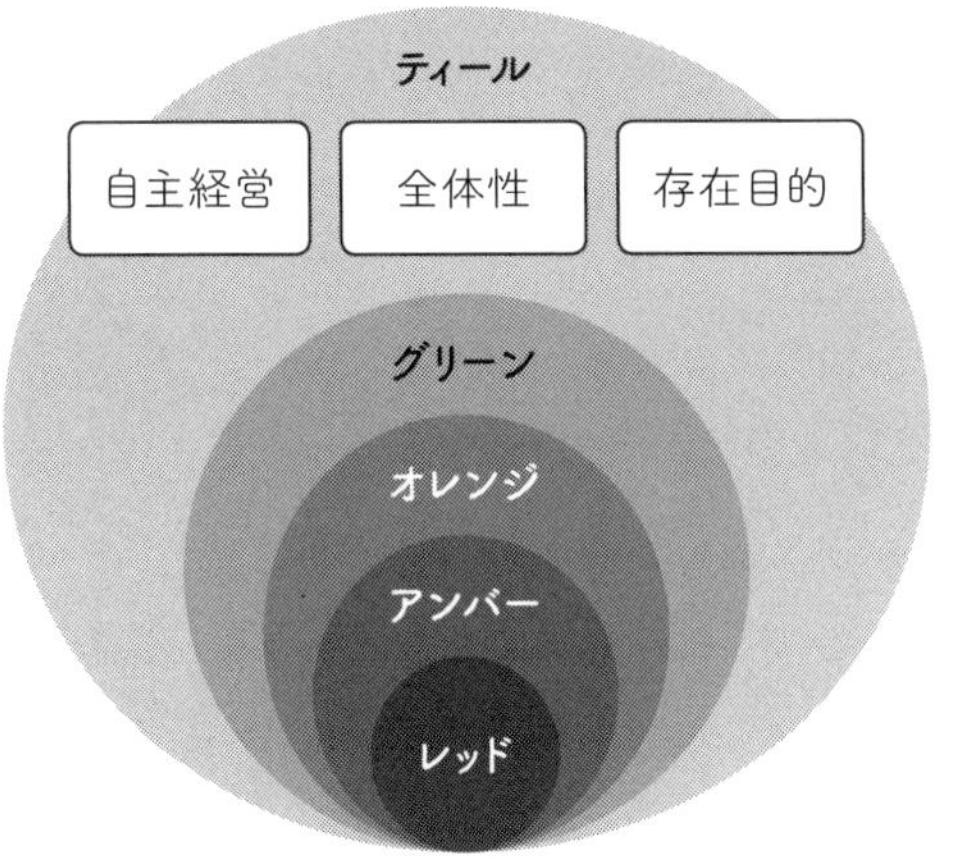

れ、機械部品のようにスキルや機能を要求されることによる虚無感などです。

4つ目の「多元型組織《グリーン》」は、権限委譲と多数のステークホルダーの視点を特徴とする組織です。社会的意義を追求する非営利組織や、パタゴニアのような文化重視の組織が挙げられます。対話の場が多く、組織文化や関係性を重視することでメンバーの高いコミットメントを実現しています。

しかし、多様な価値観をすべて受け入れようとしすぎると、意思決定に時間がかかったりします。また、組織が完全にフラットではないため、社長とそれ以外の溝が生まれやすいという短所もあります。

そうしたなかでラルーは、これまでにない新しい組織の事例を発見し、これを「進化型組織《ティール》」と名づけました。ラルーが驚いたのは、運営方法が新しいだけでなく、結果として「オレンジ組織」や「グリーン組織」を凌駕する売上や成果をあげている組織が多くあるという事実でした。

ラルーは、ティール組織が発明した3つの突破口《ブレイクスルー》を見出し、実際の組織でも、そのうちのいずれか、あるいはすべての要素を備えていると論じました。

3つの突破口《ブレイクスルー》とは、次のようなものです。

①自主経営（セルフ・マネジメント）
階層や合意《コンセンサス》に頼ることなく、同僚との関係性のなかで働く組織構造や仕組みがある

②全体性（ホールネス）
誰もが本来の自分で職場に来ることができ、同僚・組織・社会との一体感を持てるような風土や慣行がある

③存在目的（エボリューショナリー・パーパス）
組織全体が何のために存在し、将来どの方向に向かうのかを、つねに追求しつづける姿勢を持つ

これら3つは、すべてが必要というわけではなく、ラルーもすべてを満たす組織は少ないと述べています。しかし、私たち（嘉村・吉原）は現場の経験から、この3つの要素が有機的につながることで、生命体的な組織の実現に近づくということも実感しています。

本書には、とくに①の自主経営の実践に寄与する叡智が込められていますが、他の2つの要素も考慮すると、より本質的な実践ができるでしょう。詳しくは、〈コラム2〉をご参照ください。

第2章 階層型から自主経営へ

どんなことでも、
成し遂げられるまでは不可能に思えるものだ。

――ネルソン・マンデラ

さて、いつの日かあなたは「組織を自主経営《セルフ・マネジメント》にしよう」と決心するでしょう。それはスタートでしかありません。そもそも、何をどうすればいいのか？　どのように進めれば、古い組織を「引っくり返す」ことができるのか？　簡単な道のりではないでしょう。新しい形や構造が必要なだけでなく、組織のメンバーも自らのやり方を変えなければならないからです。

組織の構造を変えると決断した瞬間から、経営陣は、自己組織化の原則に沿った考え方と行動を実践しなければなりません。それが最も重要であることは、前章で見てきたとおりです。経営陣の姿勢は、移行の取り組み全体への信頼感を左右します。もっと言えば、組織全体の変化に弾みをつけ、より早く新しい組織に近づく鍵になるのです。

自己組織化に必要な考え方がまだ受け入れられていないのに、自己組織化へ移行しようとするのは、流砂の上に家を建てるようなものです。従業員もマネジャーも困惑することでしょう。自分には何が求められているのか？　いかに行動すればよいのか？　自分を変えることができるのか？　こうした疑問を抱いてしまうのです。

そこで本章では、移行に大きな役割を果たすポイントを紹介し、それをどう実践していけばよいかを解説します。

ビジョンと構造を追求する

具体的な一歩を踏み出す前に、自主経営とその影響について、組織の他のメンバーと議論することが重要です。マネジャー（中間層以下）、現場で仕事をする人々、そしてサポート機能を担うメンバーと話し合いましょう。

自主経営を円滑に移行するには、組織のあらゆるメンバーの参加が欠かせません。全員が意見形成に関わることも、導入プロセスの一環なのです。

ほとんどのメンバーが、自主経営は優れた組織構造だと感じるでしょう。ですが、協調性や貢献意欲、責任をとることが重視されるので、それが気に入らない人も出てきます。このことも、ある程度までは考慮すべきです。経営陣は組織の方向性を定める立場にあり、組織の構造を選択するのもひとつの仕事です。すべての従業員から合意を得るのは現実的ではないかもしれません。

現場の従業員の大多数が強く反対している場合、移行に向けていくつかの段階を追加して、反対意見を考慮しながら対策を講じるのが賢明です。そのあいだに、従業員が自主経営組織で働きたいと、彼ら自身が意欲を持てるように促すのです。このように、変化に関わる人たちの意見を考慮することで、経営陣は自己組織化の原則に沿った行動を積極的にとろうとしている姿勢を示すことができます。

マネジャーの中で、とりわけ現場を直接監督する人は、それまで自分が担っていた仕事の一部が、自主経営チームの責任下に移ったことに気づくでしょう。一般的な考え方からすれば、マネジャーとしての地位が消えると考えるはずです。これに対処するには、余剰人員の再配置に関する優れた仕組みをつくるのもひとつの選択肢です。たとえば、マネジャーの人たちを現場業務に配置するなどです。この階層が自主経営組織の構築に前向きになれないことは、前もって予想しておくべきです。

設計図か、発展モデルか？

組織変革には、基本的に2つの方法があります。ひとつは設計図に基づいた計画実行で、もうひとつは発展モデルです。本書では、これらの方法論を詳しく取り上げませんが、自己組織化の文脈のなかでどのような意味を持つか、少し補足しておきましょう。

新しい組織を実現しようとするとき、たいてい、まずは設計図をつくります。分析をおこない、予定表を組み、計画を一つ一つ実行していきます。組織のメンバーは、その設計図に従って行動します。変革のさまざまな段階でメンバーが「こうしたい」という思いを抱いても、それが考慮されることはまずありません。その結果、メンバーのコミットメントが失われてしまうのです。計画が詳細まで決められている場合には、実行段階で生じる状況に対応できる余地がほとんどありません。

一方、自己組織化の意図するところは、組織のさまざまなメンバーが対話の場に参加し、「新しい組織を実現する最善の方法とは何か」について議論できるようにすることです。現場業務に携わるメンバーは、経営陣や間接部門と同じくらい重要な役割を担っているのです。

このため、設計図より発展モデルのほうが自主経営化に適していると私たちは考えています。計画の策定段階で組織のさまざまなメンバーが参加すれば、移行プロセス全体を通して、実行段階で生じる影響が考慮されるからです。そうすれば変化のプロセスは、それぞれの状況に完全に適した形で調整されていくことになります。

実験する

全体を変える前に、組織の一部を切り離して自己組織化する方法もあります。パイロット（実験的な導入）によって、「何がうまくいき、何がうまくいかないか」、チームメンバーが「何を知るべきか」「何をできるようにすべきか」「不要で、無視していいのは何か」などを探ることができます。ここでのプラスやマイナスの経験が、組織全体を自主経営化するための土台となるでしょう。従業員は、経営陣より同僚たちに刺激を受けることもあります。パイロットを経験した人の姿を見て、自分も変化してみたいと思うメンバーが出てくるかもしれません。

パイロットの利点は、初期段階で必然的に起こる問題が、組織のごく一部にしか影響を与えないことです。また、比較的小さなグループなので、問題に対する優れた解決策を見つけやすいことも利点です。自主経営を導入する際には、具体的な問題が必ず現れます（たとえば、業務に役立つITシステムを構築するなど。これは実際に使ってみないとわかりません）。ですが、問題の大半は、パイロット段階ですでに最善の解決策を試していることになるでしょう。

パイロットを実施する際には、おおむね組織全体の代表となるような部門を選ぶことが重要です。さもないと、パイロットで得られた経験を組織全体に適用するのが難しくなるかもしれません。そのような部門がないなら（そして、つくることもできないなら）、むしろパイロットはしないほうがいいというのが私たちの助言です。

また、パイロットには、間接部門のメンバーにも参加してもらいましょう。自主経営への移行後に、彼らにどんな影響があるかを明らかにしておくためです。

組織全体で導入するときに何が必要になるかを明らかにするために、パイロット段階で得られた経験や結果を定期的に議論するとよいでしょう。

段階的に実装する

自主経営を段階的に導入する際の経営陣の仕事とは、私たちの言葉で表現すると、「変化に関わる人たちの協力を得ながら、どう（階層構造を）傾けることが可能なのかを見極めていく作業」となります。また、顧客や生産プロセスが変化によって必要以上に影響を受けないようにしながら、どうすれば適切に移行を実施できるかを検討することも求められます。これは自宅のリノベーション計画に似ています。

二度手間を防ぐためには、最初に何をおこない、次に何をすれば最もうまくいくか？　美しい床材を敷きつめてから壁を壊すのは賢い方法ではありません。同じように、チームメンバーが自分たちでマネジメントをおこなえるような仕組みを提供しないまま、最初に組織のフレームワークを解体してしまい、そのあとチームに自主経営をおこなうよう指示するのも得策ではありません。

移行がうまくいく条件

自主経営への移行がうまくいくためには、どのような条件が必要でしょうか。

■ 経営陣が「自己組織化」を十分に理解し、その原則を受け入れている。
■ 移行の影響について、チームメンバーと連携をとる。
■ 仕組みを十分に整える。

■ チームがどの時点で自主経営できるようになるかについて、チームメンバーと連携をとる。
■ 移行への準備ができている、あるいは、その意志があるチームから始める。他のチームは、それぞれのタイミングであとに続けばよい。
■ 発展の経過に対する評価をつねにおこない、自主経営の精神で問題を解決しつづける。

このうち最後の項目は、終わりのないものです。組織は生命体です。社会や組織が継続的に変化するためには、人々もつねに適応しつづける必要があります。

一度に全部、切り替える

特定の日を定めて、一気に切り替えることを選ぶ組織もあるかもしれません。この方法でも、うまくいく場合があります。

切り替えを成功させるためには、どんな段階を踏み、どう実現していくのか、という全体観がつかめる発展計画を描く必要があります。私たちはこれを「実装計画」ではなく、あえて「発展計画」と呼んでいます。なぜなら、自己組織化に向けて取り組みながら、計画から逸れたり、新たな洞察が出てきた場合、十分に対処できるような余地を残すためです。実装計画につきまとうリスクは、計画どおりに実施したい思いが強まって、たとえ必要だとしても計画から逸れる余地を残さなくなってしまうことです。

発展計画には、自己組織化がどう実装されるかについて、部門単位とチーム単位で区別できるような余地を最初からつくっておくべきです。したがって、発展計画は、移行の内容を定義するというよりはむしろ、踏むべき手順や提供すべき仕組みをどうつくっていくかについて定めるものです。たとえば「実装計画」の場合であれば、チームやメンバー間で研修予算をどう振り分けるかを、事前に定めておこうとするかもしれません。ですが、自己組織化の力とはまさに、その組織（部門やチーム）にとって何が必要かを自ら決められるところにあります。激しい発展のさなかにある部門と、もう変化が終わって安定している部門とでは、研修予算の使い方も違ってしかるべきなのです。

また、多くの組織では、移行の準備を進めるために、「現場のチームメンバー」「間接部門のメンバー」「経営陣」から構成される作業グループをつくります。これはもちろん、自発的におこなわれているものです。しかし、このやり方には欠点があるかもしれません。

作業グループに参加したがる人は、必然的に自主経営に前向きな人です。つまり、それほど熱心ではない人の意見を聞く機会がありません。ところが、前向きでない少数派の批判的な（場合によっては、やる気のない）態度は、隠れた問題を引き起こすかもしれません。特定のグループだけが活動することで、良い組織をつくることに対して大きな関心を寄せている人々を排除することになりかねません。よく耳にするのは、次のような声です。

「前と同じで、私たちの代わりに考えてくれたんだろうけど、どれも感心できないね」
「現場で実際に何が起こっているか、あの人たちは、まったくわかってない。私たちに、何も聞いてこないし……」
「意見を聞いてくれるのは、いつも同じ人たちで……」

移行の評価

移行の始めによく実施されるのが、ベースライン評価です。たとえば、次のようなことです。

「現時点で、従業員は自己組織化についてどう考えているのか」
「自己組織化が何をもたらすかについて、従業員はどう思っているのか」

そして、自主経営が導入されてしばらく経ったときに、「従業員の意見が変わったかどうか」を見る追加評価が実施されます。

しかし、自己組織化についてのしっかりとしたイメージがなければ（そして基本的には、そんなイメージはないはずですから）、ベースラインと言われても、いったい何を測定しているのか理解できないでしょう。本当にうまくいっている自己組織化組織で働いたことがある人など、ほとんどいないはずです。

近年、組織の再編成が何度も実施されてきたとしたら、その見通しは、次のような、やや否定的なものになるはずです。

「改革も、もう×回目を数えるが、実際には何も変わらないだろう」

「まあ、少なくとも、今より悪くはならないはずだ」

組織のメンバーの経験が、移行の前と後でどう変わったのかを知りたいなら、「自己組織化の導入で、何を実現したいか」を質問し、それが数カ月後（あるいは数年後）に、「実現に成功したかどうか」を測定しましょう。そうすれば経営陣にとって、舵取りも目標達成もやりやすくなるはずです。

プロジェクトマネジャー

導入プロセスの際、プロジェクトマネジャーを置く組織もあります。プロジェクトマネジャーには2種類あって、組織内から選ぶか、外部から招くかです。当然ながら「どちらの選択肢を、なぜ選ぶのか？　そして内外を問わず、そのプロジェクトマネジャーには、いかなる任務を与えるべきか？」という問いが浮かびます。

では、内部のプロジェクトマネジャーから見ていきましょう。ここでも重要な問いがあります。自主経営を導入するうえで、内部の人を任命することで何が達成されるべきか？

内部のプロジェクトマネジャーは、たとえば、経営陣の仕事を肩代わりすることができます。前に述べたとおり、組織づくりを前に進める際には現場チームとの話し合いが大切です。これは時間を要するものですが、プロジェクトマネジャーは協議のための準備作業の大部分を担えるでしょう。ただしこれには条件があって、プロジェクトマネジャーが中立であり、あくまで情報収集だけにとどまることです。集めた情報を評価するのは、経営陣の責任です。

他には、「経営陣同士や、経営陣と従業員でおこなわれる協議内容を文書化する」「プロジェクトのフォローアップをおこなう」「必要な場合はアドバイスを提供して、その後の段階を進める」などの仕事もあります。

内部のプロジェクトマネジャーは、物事の決定に対して発言権を持ちませんが、誰に対してもしっかりと話し相手になれる能力がある人物を任命するとよいでしょう。でなければ、プロジェクトマネジャーの仕事は秘書のような業務に限られてしまいます。それが悪いとは言いませんが、それなら、ただの秘書を雇ったほうが安上がりです。

私たちは、内部のプロジェクトマネジャーが、自主経営の導入を成功させるうえで必要不可欠だとは考えていません。

似たようなことは、外部のプロジェクトマネジャーについても言えます。外部のコンサルタントが任命される場合、その人を雇うことで何が達成されるべきかを知っておくことが肝心です。原則として、この人物は、経営陣の目から見て付加価値をもたらしてくれなければなりません。たとえば、自主経営に向けた発展プロセスについて、かなり先行している組織での経験を豊富に持っていることが利点となる場合もあるでしょう。

外部のプロジェクトマネジャーは、発展モデルに沿って経営陣と協働するのが望ましいでしょう。つまり、どのように取り組んでいくのか、さまざまな選択肢を一つひとつ一緒に検証し、それに基づいて経営陣が判断を下すのです。

条件や仕組みを整える

自主経営への移行には、条件や仕組みの整備が欠かせません。

結果に対する合意

チームが結果に基づいて自らを管理する場合、その結果についての説明は必須です。何を達成すべきかがわかっていれば、目標達成に向けた行動を決めることが、かなり容易になります。望ましい結果は、フレームワークに盛り込まれることもあります（たとえば「チームは最低65％の生産性レベルに到達する必要がある」など）。あるいは、組織のビジョンまたはミッションによって、チームの目標や結果が示される場合もあります。たとえば「××地域で、利用者に在宅ケアを提供する」などです。

フレームワーク

実装プロセスの最中は、チームのフレームワーク*を発展させていくことが重要です。チームが

＊ フレームワークとは、チームの意思決定、構造、活動の中心になるような各種方針や基準などを指す。現場のメンバーによる解釈の余地があるのが特徴。詳細は第3章を参照。

活動する余白を見極めながら進めることができるからです。

フレームワークは、通常マネジャーによって初期の案がつくられ、チームが合意するものですが、チームの立場から意見を述べることもできます。たとえば、「自分たちにどれだけの余白があるのかを知るために、こんな情報がほしい」とか、「結果を出すためには、××が必要になりそうだ」といった声です。

結果をモニタリングし、影響を与える

現場のチームは、自分たちの活動が結果にどう影響しているのかを把握できるようにしておく必要があります。そうすれば、効果的な調整が可能になるからです。

従来型の組織では、マネジャーがデータを受け取り、それに基づいてチームに仕事を割り振っていました。

自主経営組織では、結果に責任を持つチームメンバー自身が意思決定すべきです。しかし、それが可能になるのは、活動がどんな効果をもたらしているかをすぐに把握できる場合です。たとえば、クライアントとの面会時間のはざまにある「待ち時間」を、チームメンバーが把握して短縮すれば、もっと効率的なスケジュールを組めるようになるでしょう。その結果、もっと多くのクライアントに対応できるようになり、生産性を高められるというわけです。このような直接的

なフィードバックがあれば、改善への動機づけになります。

こうした理由から、チームが必要な情報をいつでも入手できるような、業務に役立つＩＴシステムを開発する必要があります。生産性に関連するデータだけでなく、「勤怠状況」「利用可能な予算」「品質モニタリングの手順」「チーム内の協力方法を話し合う手順」などのデータにもアクセスできるようにすべきです。

また、自分たちで業務改善するためにはどのような情報が必要か、現場のチームメンバーたちに聞くのもいいでしょう。

チーム運営のタスクにかかる時間

自己組織化組織では、チームメンバーは、現場業務に加えて組織運営のタスクも担います。このことは、自主経営の実装前に見込んでおきましょう。組織運営のタスクとは、次のようなものです。

- ■スケジュールの策定
- ■クライアントへの訪問

- チームの進捗を議論するミーティング
- 仕事の品質に関する話し合い
- 日々の問題への対処
- 将来の計画立案

階層型組織では、こうしたタスクはマネジャーが担当し、そのための時間も十分にあります。自主経営組織のチームメンバーも、もちろん運営タスクの時間が必要となりますし、新体制を始める前に、その時間を確保できていなければなりません。そのため、事前に確認しておきたいのは、「どの作業を、どのチームに割り振るか」「その作業には、大体どれくらいの時間が必要か」「それが、メンバーにとって何を意味するか」といったことです。

研修

自己組織化組織では、階層型組織で働く場合とは異なる資質が求められます。チームメンバーは、対等な立場で話し合い、お互い良き相談相手となり、合意にもとづいて意思決定をおこない、役割にふさわしくない行動や守られなかった合意事項について協議します。さらに、結果という観点から物事を見て、改善策を見つけられる思考法を学ばなければなりません。

マネジャーの役割は、優れた問いを投げかけ、作業に対する説明責任をチームメンバーに委ねることです。また、チームの代わりに問題を解決するのではなく、チーム自身が問題解決できるようなファシリテーションをする必要があります。間接部門は、現場の業務を最優先に考え、サポートしなければなりません。

通常（従来型の組織では）、能力開発の方法を決めるのは、管理職や人事部門です。一般的には研修計画を設計し、その計画が役に立つかどうかをそれぞれの部門で検討します。結局のところ、大きな変化がないようコントロールするために、統一性を重視するのです。

しかし、自己組織化組織で起点となるのは、「現場のチームメンバーがしっかり仕事をできるようになるためには何が必要か」です。それを固めてから、要件に応じて足りない技術や、それを習得する方法が検証されます。

研修も選択肢のひとつですが、人によっては、「他の人の実践を直接見る」「本を読む」「動画を見る」ほうが学習しやすい場合もあり、さまざまな学習プロセスが考えられます。また、研修が最も効果を発揮するタイミングも違ってくるでしょう。あるチームは、自主経営を導入した最初の時点で研修を受けたいと思うかもしれませんが、別のチームは、最初はしばらく「新しい」やり方で進め、その経験に基づいて具体的な問題を洗い出してから研修を受けたいと思うかもしれません。

このため、自己組織化を進めていくうえでは、新しい技術を身につけるためのさまざまな選択肢を用意し、各メンバーが自分の好きなやり方で、好きなタイミングで研修を受けられるような余地を残しておくことが大切です。

そうすれば、スタッフの学習意欲も高まり、学習内容も身に付きやすくなるでしょう。また、財務的にも利点があります。本当に必要な研修だけが実施され、チームメンバーが不必要な知識を押しつけられることもないからです。

雇用契約の変化

自主経営組織で働く人には、さまざまな要件が課せられます。このような組織で働くのが初めての人は、従来型の組織との違いや、自分に何が求められているかを理解していない場合がよく見られます。それがチームワークにささいな支障をきたすかもしれません。採用段階で何を期待しているかを明確にするのはもちろん重要ですが、雇用契約にそれを明記しておけば、より理解しやすくなるでしょう。新しいメンバーが契約書に署名すれば、何が期待されているかを本人が理解したものとみなすことができ、要件を求めることができます。たとえば、次のような同意をとってもいいでしょう。

■ チームメンバーとして、あなたは仕事の内容、生産性、業務の実施、品質、メンバーとの協力などに責任を持つ。
■ チームの意思決定は、合意《コンセンサス》によっておこなわれる。

このような文言があれば、お互いに問題を指摘しやすくなるでしょう。さらに、自己組織化チームを始めるときに、チームメンバーがお互いに何を期待すべきかも理解しやすくなるはずです。

「ユーザー」と一緒に仕組みを整備する

これまで触れてきた仕組みのすべてにおいて、チームメンバー（つまり「ユーザー」）が、「仕組みは負担ではなく、仕事を手助けしてくれるものだ」と体感できることがきわめて重要です。チームメンバーが、与えられたツールを使っても仕事をうまく進められず、何の付加価値も見出せなければ、その仕組みを敬遠するだけです。

とくにITシステムの開発者などは、高機能ではあるが、ユーザーにとって使い勝手の悪いシステムをつくる傾向があります。ITの知識を持っている同僚などほとんどいないことを忘れがちです。システムは、単純かつ合理的でなければ使ってもらえません。ところが、それは設計者からすれば、お話にならないような未熟なシステムに見えるかもしれません。たとえそう見えたとしても、それを受け入れる必要があります。ＩＴ開発者（そして、サポート機能を担うすべてのメンバー）は、もっと顧客に寄り添う必要があり、彼らにとっての顧客とは、すなわち現場のチームなのです。

それ以外の仕組みも、現場のチームメンバーと相談したうえで整えていく必要があります。簡単に言えば、組織は動的な存在であり、物事は頻繁に変化するということです。このため、どんな実績や仕組みが求められているのかについて、経営陣とチームは継続的に対話していく必要があるのです。

サービスセンター

現場業務を担うチームが自己組織化して動き始められるようになったら、チームメンバーが相談できるサービスセンターを設けるといいかもしれません。サービスセンターは、チームメンバーの相談に適切に応えられるような人物を手配します。これについては、第４章で紹介します。

チームとチーム構造のあり方を見直す

自己組織化の導入は、組織とチームの構造を見直すいい機会です。具体的には、次のような観点が問われます。

- チームの成果を実現するために適したスタッフが、各チームに配置されているか？
- 仕事は、適切なサービスまたは部門に分類されているか？
- 活動地域は、合理的に区分けされているか？
- 専門家が適切な場所に配置され、チームにも割り当てられているか？

現場のチームメンバーは、これらの問いに対する答えを誰よりも熟知しています。なかには、毎日一緒に仕事をしているのに別のチームに所属している同僚がいる状況に対して、長年不満を感じていた人もいるかもしれません。

組織のあり方を見直すとき、どんな役割を担うマネジャーが何人くらい必要か、そして再編成が間接部門にとってどのような意味を持つのかも検討すべきです。言い換えれば、

「そのサポート業務は、自己組織化組織において、どれくらい合理性があるのか？」が問われているのです。

こうしたことについて考え、議論を深め、組織やチームを再構築するには、それなりに時間がかかるはずです。なんといっても、このプロセスは事実上、新しい組織の構築なのですから。

このプロセスは、現場のメンバーなど利害関係者と協議しながら進めてかまいませんが、最終的な設計案を決めるのは、経営陣と取締役会であるべきでしょう。

不要なルールを捨てる

組織を再設計する際、現行のルールや手続きも検証して、業務をこなすうえでどれが役に立つかを選別してもいいでしょう。不必要な、場合によっては、非生産的なルールも見えてきます。

自己組織化の狙いは、目標を達成することと、達成までのプロセスを円滑にすることです。ルールは少なければ少ないほど働きやすいことは、誰もが経験で知っています。そのほうが、本来の業務に集中できるからです。たとえば、警察官は長年にわたり、膨大な量のお役所仕事に不満を漏らしています。悪人を捕まえるより、書類を書くのに時間をとられているからです。

そこで、ルールをできるだけ少なくすることを目標にしましょう。あるいは前向きに言うなら、仕事に役立つルールだけに絞りましょう。

ちなみに、この作業は自己組織化が導入されてからも、ずっと続いていくものです。人間というものは、つねに管理への欲求を抑えることができず、新しいルールや指針をつくろうと躍起になるものだからです。多くの場合、何か問題が起こったときは個別に解決策を考えればすむはずで、新たに別のルールをつくる必要はありません。自主経営組織は、「管理思考」がうしろに引っ込んで初めて、本当の意味で発展できるのです。

マネジャーをコーチにすべきか？

自主経営化を進める際によくおこなわれるのが、もともとチームリーダーだった人をコーチとしてトレーニングし直すことです。自己組織化への移行はすなわち、チームリーダーという役職が不要になることを意味するので、組織内で新たな役職が見つからなければ余剰人員になってしまうのです。余剰人員をそのまま放置すれば、高額な退職手当が必要になる場合もあるので、組織にとって必ずしも魅力的な選択肢ではありません。そのため、コーチの役職を提示するのです。この選択は当然と思われるかもしれませんが、少し補足しておきましょう。

場合によっては、チームリーダー全員がコーチの役職に移されることもあります。彼らは、移行前と同じ数のチーム（平均して1～3チーム）を担当することになります。もともとリーダーの仕事だったものが、チームの責任下に置かれるようになります。コーチは、求められたときしかチームのために働かなくなるため、空き時間がたっぷりと増えるでしょう。リーダーとしての経験から、チーム内で何が起こっているのか把握できるので、必要以上に（たいていは、頼まれてもいないのに）干渉しようとするかもしれません。特に民主的なリーダーではなかった場合、自分の意見を公然と表明し、チームがどのように働くべきかを細かく指示するかもしれません。そうなると当然、自己組織化を実現するための自然なプロセスが阻害されてしまいます。さらには、チームが干渉に反発して、コーチを排除しようとする動きさえも出てきます。

こうした状況を避けるには、コーチになる人の数をできるだけ少なく絞って、以前と同じチームの担当にならないようにすることです。

もうひとつ予想されるリスクは、コーチとなる元チームリーダーが、その役割を果たせるだけの能力を持っていないことです。チームリーダーとコーチは立場がまったく異なるので、必要とされる能力も違います。リーダーの役割は、チームを管理することなので、仕事の内容に意見を出し、最終責任を負い、成果のモニタリングをおこないます。

それに対してコーチの役割は、仕事内容については一切発言権を持たず（これについては、第5章で詳しく触れます）、チームに代わって意思決定を下すこともありません。コーチに結果責任はなく、したがってモニタリングもおこないません。

リーダーからコーチになる際、学び直すことができない（あるいは、したくない）人も出てきますが、コーチとしてはふさわしくないでしょう。

一方で、チームを民主的に率いてきたリーダーは、優秀なコーチになれる可能性が高いでしょう。このような人は、階層型組織だったときも、おそらく、自己組織化するために重要となる原則のすべてをすでに受け入れていて、つねに部下の能力に信頼を置いていたはずです。

このように、優秀なコーチを任命するためには、人選プロセスの構築が重要となってきます。

マネジャーも自己組織化を心から支持する

導入プロセスの際、マネジャーたちが新しい状況の中でどのように責務を果たすか、慎重に観察することが肝心です。自己組織化への移行を決定するのは経営陣ですが、現場のチームにとっては、雲の上で進められているような話です。経営陣のすぐ下にいる管理者が、自己組織化の原則を心から支持していなければ、階層型のやり方で管理を続けて混乱をまねくでしょう。とはいえ、そのマネジャーは「自分は、やるべきことをやっているだけだ」と言うかもしれません。しかし実際のところ、マネジャーが、自主経営をまったく気に入っておらず、チームの自己組織化を阻害してしまった例を、私たちはいくつも見てきました。

自主経営が導入されると、どのような影響が出てくるか、マネジャーとの話し合いがもたれます。やがて、マネジャー自身がそのやり方で働けるかどうか、決断の時が訪れます。彼らの多くが、「階層型組織のマネジャー」という意識を固持しています。しかし、自主経営組織に移行した途端、チームの代わりに考えるのではなく、チームと一緒に考えることを要求されます。「ボス」としてではなく、「補助的なファシリテーター」としての役割を担うように言われても、彼らが自分に抱いているイメージから抜け出せない場合も多々あります。

マネジャーが自らをファシリテーターとして捉えることができないなら、自分に合ったやり方でマネジメントができる別の職場環境を探してもらったほうがいいかもしれません。

すべてのチームが自主経営になるべきか？

自主経営は、目標を達成する手段です。ある程度の数のメンバーが協働することで、クライアントにとってもチームメンバーにとっても付加価値を生むのであれば、自主経営に移行するのは良い選択でしょう。しかし、協働による付加価値がないのなら、そのチームを自主経営型に変える理由はありません。

後者のケースは、メンバー全員がそれぞれ自分の仕事を抱え、自分で自分のスケジュールを管理しているようなチームにあてはまります。このような個人完結型の自主経営チームに割り当てられても、コーチは何を一緒にマネジメントすべきか、さっぱりわかりません。実のところ、責任も目標も共有していなければ、相互に支援しあう関係も存在しません（例外は、仕事の品質に関する経験を共有して、互いにアドバイスをおこなう場合ですが、それは自己組織化的な働き方の基本要件ではありません）。

同じことが、現場のチームのために、横断的に働く他の専門家にも言えるでしょう。彼らも共通の目標を持っていないため、責任も共有しないのです。

このような場合、一人のマネジャーの下に各人員を配置して、一人ひとりが個別に進捗を相談できるようにしたほうが理にかなっているでしょう。

場合によっては、専門家チーム内に「ピア・コーチング（同僚同士のコーチング）」の仕組みを設けてもよいでしょう。ピア・コーチングとは、業務上の問題や仕事の進め方などについて、互いに助言しあうことです。ここで落とし穴になるのが、問題の解決策について合意しようとすることです。統一されたルールを決めようとするリスクが生じるからです。自分の仕事に注力する専門家の強みは、具体的な問題に対して具体的な解決策を見つけられるまさにその能力です。このためピア・コーチングは、あくまで品質の向上や、自らの行動に対する見識を深める活動に絞るべきです。

その他の形

やるべきことがはっきりとわかっている短期的な業務に、ある程度の人数が必要となる場合があります。たとえば「年次報告書の作成」「広告キャンペーンの立案」「新商品の開発」といった仕事です。こうした仕事を割り当てられたスタッフは、そのプロジェクトの期間だけ自主経営チームを形成します。基本的に、これらのチームにも、つねに自主経営をしているチームと同じ「ゲームのルール」があてはまります（多少の修正はありますが）。チームをまとめる際、どんな仕事をするのかが、仕事の構造化の第一歩です（この場合は「プロジェクト」自体が現場業務になります）。

- 達成されるべき目標は何か？（たとえば「年次報告書を作成する」）
- この目標に向けて、達成すべき仕事を抱えているメンバーは誰か？
- 彼らにはどのような権限があるか？

■ 目標を達成するために、彼らが必要とする仕組みは何か？
■ その仕組みを整えられる立場にあるのは誰か？
■ 仕事はいつまでに完了する必要があるか？

短期的な自主経営チームは仕事の完遂を約束し、クライアントと進捗を話し合います（この場合のクライアントとは、おそらく経営陣や取締役会です）。

同じことが、チームに配置された専門家にもあてはまります。これは、公共福祉の分野でよく見られる状況です。公共福祉の分野では、さまざまな領域の代表者から構成されるチームがつくられる場合があります。たとえば青少年支援の専門家、心療内科専門の看護師、一時保護施設の運営者などが集まって自主経営方式で運営し、支援対象グループに対して治療や支援を提供します。その中で、教育関係者や心理学者や心療内科医は、定期的に連絡をとり、それぞれの取り組み方を調整します。このような専門家が、正規職員に対して一定の割合で自主経営チームに常駐し、業務の実行というよりは、むしろ仕事の進め方についてチームを支えるようにしている組織もあります。つまり、チームの仕事はやらないし、勤怠も共有しないということです。彼らは、一人のマネジャーに直属となるのです。

専門家は、どのような進め方でチームの仕事を改善したり相談にのったりすればいいのかを、配属されたチームと合意して責任を共有します。

自主経営で、組織文化は一変する！

自主経営は、協力関係について、これまでとはまったく違う考え方を示すものです。指示を出して、その進捗をモニタリングすることはしません。個人とチームの責任が、もっと重視されるようにするのです。お互いに信頼し、前向きに協議することが土台となった協力のあり方です。また、成果、品質、製品開発、顧客中心の姿勢などについて、誰もが直接的に責任を果たそうとする文化が必要となります。仕事については、個人責任から団体責任へと移行します。こうしたすべてが、組織文化の変化として現実に起こるのです。

自主経営には、より高い柔軟性が求められます。歩み寄って、できるかぎり相手の立場に身を置いて考えることが必要です。また、品質や業務プロセス、個人の自主性、起業家精神などについて、意見を述べ合うことも必要です。

ほとんどの人が、この新しい働き方に必要な能力をすでに持っているので、その能力を無理やり引き出そうとしなくても大丈夫です。自己組織化組織に移行する前でも、私たちはその能力を使ってスポーツクラブを運営したり、イベントを企画したり、ボランティアをしたり、あるいは単純に家族を支えたりしてきました。そうした能力を、仕事でも役立てることができるのだと誰でもわかっているのです。

このように考えると、自主経営への移行は真の意味で、文化的な変化ではないと私たちは捉えています。むしろ、仕事や従業員の資質の中に、異なる価値を見出すということです。ですから、「この能力が必要だ」ということをあまり強調しないで、私たちがすでにうまく使っている能力を役立てたほうがいいでしょう。

コラム 2

自主経営に活用できる2つの要素——吉原史郎

自主経営《セルフ・マネジメント》へスムーズに移行するために

　本書では、自主経営の鍵として「経営陣全員が意識を変えて、組織のメンバーを信頼すること」が重要だと述べています。

　では、「信頼を高める」とは、どういうことでしょうか？　私の経験から言えば、〈コラム1〉で示した「ティール組織」の3つの特徴を包括的に見ていくことが役立つと考えています。

　具体的には、「全体性」と「存在目的」の視点に立って経営の進化に取り組むことで、組織内の信頼を高めていくことができます。その取り組みを通じて、自主経営組織への移行は、より円滑に進んでいくでしょう。以下、「全体性」と「存在目的」の視点をどう取り入れていくか、具体的に説明します。

全体性は不安や抵抗をやわらげる

「全体性」を実現している組織とは、「メンバーが、外向けの仮面をかぶることなく、心の奥底にある声に耳を澄まし、自分自身のすべてを職場に持ち込むことができる組織」です。

「自分自身のすべて」とは、これまでビジネスパーソンに求められてきた合理性や強さだけでなく、感情的な部分、特に不安や弱さも含んだものです。そして、それらを職場でさらけ出せるほど互いの信頼が育まれているかどうかが問われているのです。

この「全体性」の視点を自主経営に活用すれば、移行過程で生じる心理的な抵抗やプレッシャーに、早い段階から対処できるでしょう。それによって、「業務上の混乱」や「自主経営への諦めと拒否感」を抑制できるのです。

自主経営への移行を性急に進めると、どうなるでしょう？　これまで上司の指示命令によって忠実に仕事をしていたメンバーの中には、依然として、元上司に対して自分の意見や想いや不安を伝えることに心理的な抵抗を感じたまま、日々を過ごしている人もいるはずです。

また、「自律的にならないといけない」という心理的なプレッシャーを感じているかもしれません。これらを予防したり解消したりするには、「全体性の視点を活用しながら、心理的な抵抗やプレッシャーを伝えあう土壌を育んでおく」ことが効果的です。

具体的にどのような混乱が生じるかというと、こんな具合です。

- 「どう意思決定すればいいか相談したいけれど、自分で決めなければいけないので、誰にも相談できない」まま抱え込んでしまう。
- 元上司が「自分はもう指示命令ができないので、決めてくれるのを待つしかない」とメンバーに自分の意見を伝えるのをためらってしまう。

このような場合、自分の葛藤を正直に伝え合うことができれば、課題の解消に向けて動き出せるので、業務の停滞を防げるでしょう。

逆に、こうした葛藤を放置すれば、「指示命令も出さずに、どうやってチームで仕事を進めていけばいいんだ」という、諦めの気持ちが湧き、ひいては自主経営自体への拒否感が生まれてくるかもしれません。それを防ぐには、心理的な葛藤が組織内に滞留する期間を短縮化することです。そうすれば、自主経営への心理的な敵対心が減少し、その結果、自主経営への円滑な移行が可能となります。

つまり、「全体性」の考え方を活用し、「メンバーが心理的な抵抗やプレッシャーを感じたときに、不安や葛藤をお互いに伝え合い、聴き合い、支え合う土壌をつくっておくこと」が重要なのです。

全体性を実現するには

私の組織では、ティール組織を「心と頭の循環の良い組織」と解釈しています。心の循環とは「メンバーの意見や不安、大切にしていることを伝え合える状態が育まれていること」です。頭の循環とは「仕事に必要な情報が十分に透明化されている（誰もがアクセス可能な状態である）こと」です。自主経営への移行は頭の循環、全体性の実現は心の循環を高めることだと言えるでしょう。心の循環があってこそ、頭の循環が最大限に活きてくるのです。

私の組織では、日々の仕事のなかで、アイデア、提案、情報提供、サポート依頼などの「ニーズ（今解決したいこと）」が生まれたら、「じゅんかん」というフレーズを伝えるようにしています（気楽に言えるように、ここでは平仮名にしています）。

メンバーが「じゅんかん」と伝えたら、緊急事態以外は作業や議論をいったん止めて、そのメンバーのニーズを聞きます。そして、次の一歩を速やかに踏み出せるように支援します。

たとえば、「情報共有のミーティングをしたい」というニーズが出てきたら、「関係者が集まって日程調整をしよう」という次の一歩が生まれます。

これらはあくまで一例ですが、さまざまな組織が独自の慣行を築いています。小さなことからでも試していくといいでしょう。

意思決定の軸となる存在目的

存在目的とは、きわめて簡潔に言えば「組織の方向感」です。〈コラム1〉で示したように、ティール組織では、組織を「生命体」と捉えます。生命体は個別の目的に則って活動しますが、外部の自然環境に適応しながら変化(進化)していきます。そのため、組織における存在目的とは、「今、この組織がどうなりたいのか、この組織が自然に行きたい場所はどこなのか」と言えるでしょう。

存在目的は、ミッションやビジョンのように固定化された表現と異なり、メンバー一人ひとりが耳を傾け、感じるものだとされています。ティール組織の事例の多くでは、固定的な戦略、中期の事業計画、短期の予算や目標を設定しないかわりに、定期的にメンバーが集まり、個人と組織の存在目的について語る場が設けられています。

ここで大切なのは、「個人の存在目的と組織の存在目的が共鳴しているかどうか」です。共鳴度が高ければ「経営者だけでなく、ここにいるメンバーは、誰もが組織の存在目的を実現するために大事な役割を持っている」という共通認識と信頼感が得られます。意思決定に迷った際は、経営者の意向ではなく、存在目的が拠り所となるのです。

また、共鳴度の高さは、従来型の組織ではトレードオフと考えられていた「組織の成果」と「人の幸せ」の共存にもつながります。誰もが「個人の存在目的」と「組織の存在目的」を大切にしているからこそ、状況に応じて、重心の置き方は変わるものの、成果も幸せもどちらも、存在目的を実現するために大切な要素であるという認知が高まるのです。

このように、存在目的を感じて対話する機会を設けることは、自主経営で重要となる、信頼を土台とした現場での意思決定ができる環境づくりにつながるのです。

全体性と存在目的を感じるには

では、「存在目的を感じる」とか「共鳴する」というのは、どうすれば実現できるのでしょうか。

信頼が土台となる組織で、「これが組織の存在目的だ」と強制することはできません。大切なのは、「メンバーが個人と組織の存在目的を自然に感じて、両者が共鳴しているかどうかがわかる環境をつくること」です。

私の組織では、全体性と存在目的の両方の視点を取り入れた「心の循環ワーク」という慣行を行っています。これは次のようなプロセスです。

- 小さなことでいいので、最近あった「嬉しかったこと」「感謝したこと」「前に進んだこと」を思い出す。
- 「その経験を通じて、自分が大切にしたいこと」を考える。「大切にしたいこと」は、思考ではなく、身体のエネルギー感覚として捉えることを意図しています。
- 「最近あった小さな嬉しかったことや小さな感謝」と「大切にしたいこと」を共有する。
- 「大切にしたいこと」と組織の存在目的との小さな共鳴を感じる。

ミーティングの冒頭10分くらいの時間を使って、

このワークをおこないます。最初は気恥ずかしかったり慣れなかったりしますが、このワークを繰り返していくと、自分の想いをみんなと分かち合える土壌、つまり全体性がしだいに育まれていきます。

また、実体験から発見した「大切にしたいこと」と組織の存在目的との小さな共鳴を感じることは、日常の経験が実は組織の存在目的につながっているということに気づくことを意図しています。「小さな」というのがポイントで、メンバーによっては「強く感じることは難しい」場合もあるからです。もし共鳴度が低いと感じても、自分なりの「小さな共鳴」を発見することから始めていきます。もし、気がかりなことがあれば、「じゅんかん」と伝えたうえで心の内を吐露してもいいですし、別途相談することも気軽にできるようにしています。

日常的に自らの経験を通して「大切にしたいこと」を振り返る習慣があれば、しだいに「個人の大切にしたいこと」が浮かび上がってきます。また、実体験を通しているため、言葉だけではなく、経験に付随する身体的なエネルギー感覚とともに、感じられるようになります。すると、組織の存在目的との共鳴状態も自然と自覚でき、対話できるようになるため、組織全体の共鳴度合いも高まっていきます。

第3章

マネジャー

自分を変えれば、
世界も変わる。
――マハトマ・ガンディー

手放し、ファシリテーションをする

前章までで、業務の進め方について、「現場のチームが、量と質の両方に責任を持つ」ということが明確になったと思います。マネジャーの役割は、ある一点を除いて、以前とは違うものになります。具体的には、フレームワークについてはマネジャーが責任を持って合意形成をしていきますが、実際の業務プロセスにはもう干渉しなくなるのです。

長年にわたって日々取り組んできた仕事を手放すのは、容易なことではありません。それに、正確には何を手放せばいいのでしょう？　ここで重要なのは、チームがフレームワークの中で活動しているかぎり、業務プロセスにはもう注意を払わなくてよくなったことです。また、必要となれば、チームは支援を求めてくるはずだと信じることも大切です。また、チームには、定期的な進捗報告をしてもらう約束をしておきましょう。


マネジャーはときに、チームが混乱して無秩序になるのを恐れるあまり、管理をやめずに厳しいルールを決めてしまうことがあります。しかし、私たちの経験から言えば、フレームワークが幅広く設定されていて、それに対してチームメンバーが合意していれば、混乱が生じることはありません。チームメンバーは、チーム内で起こることについて全面的に責任感を覚えるようになり、物事を円滑に進めるために最善を尽くすようになります。

マネジャーが管理することをやめて、業務プロセスのファシリテーションに注力すれば、自己組織化が成功する可能性は格段に高まるでしょう。

マネジャーは、どのようにフレームワークを構築するのか？

移行プロセスがある段階まで進むと、マネジャー層は、現場で役立つフレームワークをつくるよう求められることになります。階層型組織ではそんな作業を経験したことがないので、彼らの多くは不安を抱きます。それまでは、ルールは定められるもので、プロジェクトは任命されるものだったからです。しかし今後は、チームメンバーが自ら意思決定できるフレームワークをつくらなくてはなりません。これは、ほとんどのマネジャーにとって未知の領域でしょう。

では、どこから始めるべきか？　どこまでがルールで、どこからがフレームワークなのか？　フレームワークの幅を、どれくらいの広さにすべきか？　品質はどうやって保証するか？　チームメンバーが、フレームワークにきちんと従って活動するようになるには、どうすればよいか？

まず、大部分のフレームワークは、誰にでもあてはまる法則として、すでに確立されています。たとえば、解雇に関する決まりを見てみましょう。

「チームメンバーが満足に働かなかったとしても、いきなり解雇することはできない。解雇するには、その人に改善の機会を与えるために、どんな措置を講じたかを示す書類が必要である」

これが、フレームワークです。書類が作成されるプロセスや書式などは、組織ごとに決められます。階層型組織では、書類の必須事項が詳しく定められている場合が多いですが、問題は、その要件が本当に必要かどうかです。私の経験から言えば、話し合いの証拠は、内容がきちんとまとめられたメールのやりとりで十分です。

包括的労働協約と呼ばれるような、すでに労働に関する共通の合意事項があれば、そこにはチームにとって足掛かりとなる数多くのフレームワークが記されています。なかには厳しい合意事項もありますが、解釈の余地はどこかにあるものです。

では、どうやってフレームワークを構築すればいいでしょうか？「高い品質の製品／サービスを提供すること」のように、どの組織でも求められるものはあります。これまでは、それをモニタリングするために、多くのシステムやルールがつくられてきました。しかし、それらをひとつのフレームワークに収めて、さまざまなチームが、さまざまな方法で使えるようにしたら、どうなるでしょうか？　現場のチームもサポート業務を担うチームも、たとえば次のような表現であれば合意できるかもしれません。

「自分たちが仕事をする相手が必ず満足できるようにする。そして、不満を防ぐために最善を尽くす」

また、クライアントが満足したかどうかを知る方法についても、現場のチーム内で合意できるでしょう。その方法は、マネジャーと協議しながら詰めていきます。マネジャーは今後、顧客満足度について定期的に尋ねることになるからです（年に1回でも定期的です）。そうなれば当然、チームごとに、さまざまな方法がつくられることになりますが、それが問題になるのでしょうか？自分たちで独自のやり方を考案すれば、それを続ける意欲がわくでしょう。そのほうが、中央で決められた、誰も共感できない硬直した仕組みが組織全体にばらまかれるより、はるかに良い成果が得られるはずです。

ここで注意したいのは、チームメンバーが、硬直した組織のシステムをなんとか変えようとする（その結果、山のような書類仕事を生む）ことに対して責任感を持つのではなく、仕事の質に対して責任感を持つようになることです。これが、自己組織化の力なのです。

こうした観点で、マネジャーが「勇気を持って」考えるようになれば、十分に機能するフレームワークを構築するのは、それほど難しいことではありません。

フレームワークとルール

現実には、フレームワークとルールは混同されがちです。両者の違いは、フレームワークには個人の解釈の余地がありますが、ルールにはそれがない点です。ルールの例を挙げてみましょう。

■ チームの人数は15人とする。
■ チームは毎月1回、1・5時間のミーティングを持つ。
■ 報告書は、クライアントと接触した直後に作成し、医療ファイルに記録する。
■ 従業員は、業務開始30分前に出勤する。

このように、チームごとの人数をきちんと定めている組織もあるでしょう。この情報は、チームがどのように編成され、どの地域やサービスに配置されるのかを決めるために使われます。ところが、これは管理的な視点から生まれた形式であって、実際の業務内容に基づいているわけではありません。

地域ごとに分かれて活動する組織ではよくあることですが、ある地域では業務量が減ったことによって、チームが6人以下になることがあります。この場合、チームの人数は15人というルールに沿わないため、9人いる別のチームが他の地域から派遣され、合計15人になるように調整されます。「やれやれ、これでルールを守れる……」となるのでしょうか？

現実には、これではうまくいきません。2つのチームには、共通点がほとんどないからです。彼らは、なんとか仕事をうまく回せるようにがんばるでしょうが、ここでは（本質的にはルールとなっている）「フレームワーク」自体が、大きな障害になってしまいます。つまり、役に立たないのです。

現場の業務視点で状況をしっかり見ていれば、フレームワークは次のようになるでしょう。

「チームの構成は、チームメンバー全員が、チームの成果に最も意義ある形で貢献できるようにすべきであり、良好な相互協議による合意《コンセンサス》のもと、意思決定できるようにすべきである」

こうした取り決めなら、6人のチームもありえますし、逆に20人のほうが理にかなっている場合もあります。

人数が多すぎることでうまく議論ができないと感じたら、まずは人数の問題を解決します。そのあとに、業務上の問題について、そのときの業務内容に沿った解決策を模索します。そうしないと他の不必要な問題が生じてしまって、望ましい結果を得られません。

次ページの図に示したように、多くの場合、ルールよりもフレームワークをつくるほうが簡単です。フレームワークによって、それぞれの項目を自分たちで解釈する柔軟性が生まれるのです。

とはいえ、幅を持ったフレームワークが定義できなかったり、適切でなかったりする場合もあるでしょう。たとえば、生産性の基準を定めるときなどは、守るべきルールとして、最低ラインを定めることになります。「最低ラインを上回っていれば自分たちの裁量で活動できるが、最低ラインを下回るまで生産性を落とさないようにする」ことについて合意することが必要です。

それ以外にも、ルールの例として、「危険を伴う状況下では、チームメンバーは一人ではなく同僚と一緒に作業をおこなう権利を持つ」などがあります。

フレームワークは一緒に発展させていく!

フレームワークの構築が成功して業務に役立つものになるかどうかは、策定の経緯によっても左右されます。組織やマネジャーの要望に基づいて（つまり、管理をするために）フレームワークをチームの代わりにつくろうとする例は数多くあります。ですが、自己組織化においては、チームメンバーの役に立つと同時に組織の目標も達成できるようなものを目指すべきです。これが可能

ルール	フレームワーク
チームの人数は15人とする。	チームの規模は、協議や意思決定がやりやすい人数にすること。
チームは毎月1回、1.5時間のミーティングを持つ。	ミーティングの頻度は、チームが決定する。ミーティングのあり方は、チームメンバー全員が意思決定に関わり、最新の状況にチームが迅速に対応できるようにすること。
報告書は、クライアントと接触した直後に作成し、医療ファイルに記録する。	クライアントとの接触は医療ファイルに記録し、円滑な引き継ぎができるようにすること。
従業員は、業務開始30分前に出勤する。	従業員は、その日の仕事の準備時間を十分に確保しておく。 → あるいは、この項目は削除! （そもそも従業員にとって、仕事の準備は自分でできるとも言えます。それをわざわざやるように指示したり、どうやるべきかを指示したりするのは、やや押しつけがましいと言えます）
欠勤は、3.5%以下とする。	チームの労働環境は、不適切な欠勤が避けられるようなものにすること。

となるのは、マネジャーとチームメンバーが同じテーブルを囲んで一緒に座ったときだけです。

フレームワークについて議論するなかで、マネジャーとチームメンバーは、現場業務を適切に遂行するためには何が必要か（具体的な問題について）意見を出しあいます。どちらからも要望が出る可能性はあるでしょう。

このように、マネジャーとチームメンバーは、さまざまな選択肢を一緒に話し合っていくのです。

チームメンバーが合意しないフレームワークを求める場合

ときには、チームメンバーが反対するような要望を組織が出すこともあるでしょう。たとえば、休日や休暇についての問題です。組織を円滑に運営するには、従業員が夏期休暇で2週間以上、連続して休まないようにする必要があるかもしれません。あるいは、会社が一定期間（クリスマスや新年などに）閉まるため、従業員が強制的に休まざるをえなくなるかもしれません。

経営陣は、しかるべき理由からこうした要望を出すわけで、それについては話し合いをすべきです。与えられた余地の中で、チームはこのルールをどのように適用するかを決めますが、メンバーによっては、4週間連続で休みをとれない人も出てくるでしょう。そのメンバーが休むと、不在のあいだは派遣労働者を雇わなければならず、組織にとっては人件費の追加になってしまうからです。

チームメンバーとマネジャーは、フレームワークがそのチームにとって機能するかどうかを話し合います。特定のチームにとってフレームワークがうまく機能しない理由があるなら、マネジャーは例外を認めることもできます。

組織の存続も重要です。利益が確保されなければ組織は存続できず、全員が仕事を失うことになります。階層型組織では、その問題に対処するのはマネジャーです。一方、自己組織化組織では、マネジャーとチームが一緒に問題解決にあたるので、より業務内容に重心が置かれたうえで利益を考えていくことになります。

監視から進捗確認へ

チームメンバーが結果に責任を持つことになるため、マネジャーが仕切って管理するための会議は不要となります。代わりにマネジャーが開くのは、進捗会議です。進捗会議は、チームがどう機能するかを議論する場で、「メンバーが、組織のビジョンに沿って働けているか」「フレームワークは満足のいくものか」「望ましい定性的、定量的成果が出ているか」「連携がスムーズにとれているか」などを話し合います。

異常事態や問題についても話し合われますが、その場で問題を解決することは求められていません。解決策を見つけるために、メンバーが十分な選択肢を手にしているかどうかを議論するのもいいでしょう。選択肢が少なすぎると感じたら、マネジャーは、チームメンバーが何を必要としているのかを聞き出せばいいのです。

ここで注意したいのは、マネジャーが嵌《は》まりがちな「落とし穴」です。それは、マネジャーが自分の手で問題を解決しようとしたり、チームに指示を与えたりすることです。これは不安のあまり、やってしまいがちです。かつて、問題解決の責任はマネジャーにあったからです。また、「この責任はチームメンバーには負いきれない。自分が指示しなければ……」という思いから、現場業務の大部分を肩代わりしてしまうのです。あるいは、「問題が生じると、つい指示を出してしまう」という単なる習慣的な反応かもしれません。

ところが、マネジャーのこうした行動は、自分たちで問題を解決する機会をチームから奪うだけでなく、マネジャーがチームを無能だと思っていることを露呈させてしまいます。これが繰り返されると、チームは問題解決の主導権を握ることを、次第に嫌がるようになるでしょう。結局、「マネジャーがやってくれるし、おまけに、私たちより、うまくやるからね」となってしまいます。

チームが、フレームワークを無視したときは？

マネジャーは、チームが合意したはずのフレームワークに沿って動いていないと気づいたとき、どうすべきでしょうか？　当然、それについて話し合うことになりますが、どのように進めたらいいでしょう？　マネジャーはまず、自分が状況をどう見ているのか説明し、チームがフレームワークから外れて動いている点を指摘します。ここで重要なのは、管理者が「この問題について、話し合いたい」「どうして、このような事態になったのか、その理由を知りたい」と思っていることを、はっきりと意思表示することです。

たとえば、こんなふうに話し始めてもいいでしょう。

「複数のクライアントから、約束を守っていないと、繰り返し苦情を受けているようですね。それは〈良い品質〉について、私たちが合意したことに沿っていません。合意では、クライアントとの約束は守ることが重要だと定めていたはずです。この点について、どう思いますか？」

チームメンバーは、自分がその問題にどのように取り組んでいるかを説明します。今後の苦情を解消する計画がすでにあるなら、それを説明してもいいでしょう。マネジャーは、その計画に不備を見つけたら、それを伝えて改善案を議論します。チームメンバーは、その助言を受け入れ、自分たちの計画を続行すればいいのです。

もし、チームが改善計画や解決策をまったく考えていない場合、マネジャーは、問題の重要性をはっきりと伝え、解決策を見つけるためには何が必要か、チームに尋ねるべきです。さらに、その進捗を確認する日程についても合意します。これで、実行責任はチームが持つことになります。

極端な場合、マネジャーは「チームは、フレームワークに従わなければならない」と宣言し、それが守られない場合の対処方法についても合意することが必要かもしれません。とはいえ、実際には、マネジャーが話し合いをうまく運べば、そのようなことはまず必要ありません。

マネジャーとコーチとの関係

チームにとって、マネジャーとコーチは、ともに重要な役割を担っています。それぞれの立場でチームを支援しているので、マネジャーとコーチが、お互いに良好な関係を築いていることも大切です。どちらの役割も、単にチームを支えるだけでなく、自己組織化を最善の形で実現するためにも必須と言えるでしょう。

コーチは、マネジャーとチームの中間に位置するわけではありません。コーチは、チームと同じ階層に属し、その上にマネジャーが位置します。

この位置関係の中で、お互いを尊重するところから良好な関係が始まります。ところが、マネジャーが、コーチを実際のチームリーダーのように扱っている姿をよく目にします。コーチが、チームの上に位置していると誤解しているのです。マネジャーがコーチに向かって次のような発言をしているときは要注意です。


「コーチ、欠員を埋めるためにチームがちゃんと動いているか、確認してくれる？」

「コーチ、この件でチームメンバーたちの意見が対立していたけれど、その後どう解決した？」

「コーチ、あの問題についてチームがどう対処しているか、話を聞いてくれるかな。どうもうまくいっていない部分があるようだから。この件については、来週、報告を頼むよ」

「コーチ、意見の対立を解消しようとしているみたいだけど、実際は、どんなことをやっているの？　もうちょっと素早い対応ができるかな？」

「コーチ、あのチームが問題を抱えているけど、どうやって対処するの？」


基本的に、マネジャーとコーチは、チームの進捗について連絡を取り合う必要はありません。マネジャーからチームへの連絡は、直接おこなわれるべきです。マネジャーが「チームにはコーチが必要だ」と考えるなら、チームに対して「コーチに直接連絡するように」と助言すればいいのです。コーチに相談するかどうかは、チームが決めます。

また、マネジャーには、「コーチがどのように支援してくれるか、チームに伝える」役割もあります。言うまでもなく、チームはコーチとの関係に満足していなければなりません。そうでなければ、コーチの存在価値はないのですから。チームが不満を抱いているなら、マネジャーはそれをコーチに伝え、両者に対して関係改善のために話し合うよう促します。

一方で、チームがコーチに「マネジャーとの関係がうまくいっていない」と相談することもあるでしょう。その場合、コーチはチームに対して、その問題についてマネジャーと話し合うよう助言します。

マネジャーが意思決定を下すとき

自主経営《セルフ・マネジメント》組織でも、マネジャーが決断せざるをえない場面も出てくるでしょう。たとえば、仕事の質が基準値を下回るメンバーがいる場合や、チームが組織のフレームワークから外れている場合などです。

マネジャーは、仕事の質が基準値を下回るメンバーに対して、どう対処すればいいでしょうか？

たとえば、ピーターというメンバーがいたとします。彼は、クライアントから何度も苦情を受けていました。マネジャーはまず、その問題について、ピーターも含めてチームと話し合います。合意がなされ、ピーターは改善しようと努力しました。ところが、合意した期間の終わりに評価をおこなった結果、苦情の件数が減っていないことが明らかになります。そこでチームは、そのまま放置できないと判断し、マネジャーに報告します。

マネジャーは、コーチに相談するように促し、場合によっては人事部からの助言も求めるよう伝えます。チームは、現状についてコーチと話し合い、ピーターがこれ以上変わることはできない（あるいは、その意志がない）ことが明白になってきます。これ以上の改善は見込めないと考えたチームは、「この件をマネジャーに引き継ぐ」ことをピーターに伝え、「彼をチームから外してほしい」という要望をマネジャーに伝えます。

マネジャーは、報告書を熟読し、この結論を正当化できるだけの努力が十分になされたかどうかを判断してから、最終的な決断を下します。「ピーターを解雇すべき」という要求を組織に出す場合もあれば、ピーターに関する状況を正確に把握したうえで、組織内の別の部署への異動を検討する場合もあります。あるいは、状況によっては、ピーターを引き続きチームメンバーとして扱うよう、チームに指示するかもしれません。ですが、この例では、ピーターが度重なる苦情の元凶となっているので、別の部署への異動という選択肢はとりづらいでしょう。

当然ながらマネジャーは、改善プロセスの進行をチームとコーチに完全に委ねます。彼らが改善プロセスに適切に従うことを信頼し、マネジャーは、チームが前進するために必要な場合にのみ行動するようにするのです。

マネジャー全員の足並みをそろえる

自己組織化がうまく機能するには、マネジャー全員が足並みをそろえ、それぞれのチームを同じ原則に基づいて支援することが肝心です。足並みをそろえるために、問題がどのように解決されているか、定期的に情報交換をしましょう。言うまでもなく、こうしたやりとり自体も自己組織化の原則に従っておこなわれるべきです。大切なのは、チームの扱い方などに関して、管理的あるいは階層的な思考が出てきたときは、お互いに問いを投げかけ、警告しあうことです。

たとえば、ファシリテーションがうまく、チームがフレームワーク内で仕事ができるように十分な余白をつくっているマネジャーがいる一方で、仕事を割り振ってプロジェクトを監視するようなマネジャーがいたら、おかしな状況になりますし、不満も出てきます。現場の人たちは、他の部門やチームの人とも連絡を取り合っていることが多いので、マネジャーの違いは組織内にすぐに広がり、自主経営化が停滞してしまいます。

そもそも、なぜマネジャーたちの行動原理がずれてしまうのでしょうか？

ふつう、自己組織化への移行を決定するのは、経営陣や取締役会です。この決定が性急になされたり（自主経営の導入に関する第2章を参照）、移行に向けた支援にあまり時間や労力が割かれなかったりしたら、どうなるでしょう？　まさにマネジャー層に、不信や混乱が根強く残ってしまうのです。自己組織化の利点を理解し、チームのファシリテーションに長けたマネジャーもいれば、自己組織化に懐疑的で、これまでのように支配権を手放したがらないマネジャーもいるでしょう。

重要なのは、経営陣の動き方です。経営陣は、自主経営への移行を決断するだけでなく、そのプロセスが適切に設計されていること、そして全員の足並みがそろっていることを確実にしていく役割も担っています。

度重なる議論の末に、特定のマネジャー（複数の場合もあります）が自己組織化の原則に従えないことが明らかになったとしても、経営陣が自己組織化への移行という決断を覆さない場合、組織が前進していくなかで、こうしたマネジャーの居場所はおそらく、なくなるでしょう。

もし経営陣が、考え方や行動の異なるマネジャーの存在を容認すると、どうなるでしょう？　日々の業務の中で発生する問題を話し合う際、マネジャー同士に対立が生まれます。あるマネジャーは「チームには責任能力が十分にあり、何か問題があれば自分が支援する」と主張します。

別のマネジャーは「チームが責任を果たしているようには見えない。結果として、自分が問題の大部分に対応しなければならない」と主張します。いったい、どちらが正しいのでしょうか？

両者の意見が一致することは決してありません。そもそも、原則について合意できていないのですから！　もしこのような状況が生じたときに軌道修正がおこなわれなければ、自己組織化への移行が失敗に終わった合図と言えるでしょう。というのも、自主経営の導入を心から支持するマネジャーが、活動を進められなくなってしまうからです。

新たなマネジメントの形

マネジャーが、管理だけして、ファシリテーションをしなくていいなら、チームとの会議では、仕事の「内容」だけに限定して話し合えば事足ります。もし、ファシリテーションをするのであれば、別の側面に関わる必要があります。それが「プロセス」です。ファシリテーションの目的は、チームに良い仕事をしてもらうだけでなく、責任を持ってもらうことです。つまり、単に問題が解決されたかどうかを見るだけでは不十分なのです。チームメンバーが問題を解決したいのか、解決できるのか、そして、それを実行するためには何が必要かを話し合わなければなりません。

チームと話し合うとき、マネジャーは、内容への関心（何が問題か？）とプロセス（どう対処すべきか？）を結びつける必要があるのです。

解決策を見つける活力がチームに欠けている場合、ともすると抵抗が起こります。

「問題は解決できませんよ、あれもこれも試しましたから。今度は、あなたがやってみてください」

こうした暗黙の非難は受け流して、マネジャーはこう応じればいいでしょう。

「それでも、解決策を見つけるのは、あなたたちの仕事ですよ。少しでも答えに近づくためには、何が役に立ちますか？」

マネジャーは、解決の糸口があるか、あるなら、どうやってそれを見つければいいかを探り、チームに責任を負うよう促します。

これには時間がかかるし、マネジャーは辛抱強さを求められることがありますが、その忍耐はきっと報われます。マネジャーが問題に直接対処してしまうと、チームが自力では問題を解決できないと考えていることを示してしまうだけです。そうではなくて、「チームは問題を解決できるが、それにはちょっと手助けが必要なだけだ」という前提で動くのです。そして、チームが「このマネジャーや他のスタッフは、手助けするために動いてくれるのだ」と感じるように支援するのです。

このように進めれば、「マネジャーはチームを信頼し、チームのことを真剣に考えている」ことが伝わるでしょう。マネジャーが発信しているのは、「問題が起こっても、すぐに解決策が見つからないのは当然だ。それでも、いずれチームは自分たちで対処できるはずだ」という期待なのです。

その結果、チームに自信が生まれ、前向きな熱意で創造力を発揮するようになります。すると突然、問題の深刻さが軽くなったように感じられ、実際に解決策を見つけられるようになるのです。

解決指向のマネジメント

マネジャーとチームの話し合いで用いられるのが、「解決指向の意思疎通法（SDMI）」というコミュニケーション手法です（第7章で詳しく説明します）。

この話し合いの場では、マネジャーは目的を描き出し、チームがそれについてどう思うかを聞き、同じ立場で彼らと話し合い、合意に導きます。また、チームが何を達成したいのか、何が良いと思うのか、という問いをつねに投げかけます。

マネジャーは、対等な立場でチームとコミュニケーションをとります。自分の仕事の責任は自分で持ち、チームの責任はチームに持たせます。チームの代わりに何かをおこなうことはしません。また、メンバー一人ひとりの違いも尊重します。誰もが同じように万能である必要はないのです。「良い仕事」をしていれば、それで十分です。ときには「スター」が、他のメンバーの合意のもとで特定の仕事を引き受けることもあるでしょう。あるいは、誰かが不得意なことを、別のメンバーが引き受けてくれることもあるでしょう。マネジャーは、チーム全体の結果を見ればいいのです。また、マネジャーは、過去に拘泥しないようにしましょう。既存の合意がうまくいっていない場合は、目標を達成するために「今、何が必要か」に目を向けるのです。

解決指向のコミュニケーションとは、マネジャーとチームがお互いに非難したり、責任をなすりつけたりして対立するのではなく、目標を達成するために力を合わせることです。

自己組織化というのは何よりも、組織内のさまざまな人々のあいだに協力関係を築くことなのです。

第4章

間接部門

どれほど美しい戦略でも、
ときには結果に目を向けるべきだ。

――サー・ウィンストン・チャーチル

階層型組織では長年にわたり、間接部門がルールの構築と定義、社内制度の監視、全体方針の決定にかなりの影響力を持ってきました。

数多くのルールや監視システムを構築したことで均一性が保たれ、現場業務が管理しやすくなりました。つまり、従業員にとっての間接部門とは、マネジャー層に追加された第二の監視組織だったのです。

間接部門は、さまざまな分野で監視をおこなっています。人事、総務、コミュニケーション、ＩＴ、法務、広報、研修などです。

一方、自己組織化組織で注力すべきは、均一性や現場業務の管理ではなく、余白と柔軟性と自己規律です。では、間接部門は、その貴重で具体的な知識や専門性をどのように生かせばいいのでしょうか？　言い換えれば、サポート業務には、新たな解釈が求められているということです。

現場を支える間接部門

間接部門は、自主経営型《セルフ・マネジメント》であっても階層型であっても、現場を支援します。自己組織化組織では、もはや制度や手続きの管理は優先事項ではないので、間接部門は、仕事の内容面で現場をサポートしたり、製品やサービスの質を向上させたり、従業員が業務に役立つと感じられるようなツールを提供したりします。たとえば、必要な情報を提供しながらも、入力が手早く容易にできる情報登録システムがあれば、従業員は余った時間を現場業務につぎ込めるでしょう。

自主経営組織では、間接部門は、本来の目的である「現場業務の円滑化」に立ち戻り、現場が直面する問題の解決策を見つけるために専門性を存分に活かすことができます。この解決策は、チームメンバーにとって役立つものでなければなりません。自己組織化したチームは自ら意思決定をおこなうため、チームごとにさまざまな問題が生じます。そのため、間接部門も、各チームが抱えている具体的な状況に合わせて支援をおこなうことになります。実際の現場では、一見同じ問題のように見える状況に対しても、チームによって異なる支援がなされることもあるでしょう。もちろん、それぞれの支援は、組織のフレームワークや制度に沿っている必要があります。

間接部門は、問題の解決策以外にも、どのようにして現場のチームに情報を提供するか、最適な方法も検討します。価値ある情報にたやすくアクセスできれば、そのぶん現場業務がやりやすくなります。ここでも、情報システムがチームの要求や目的に適っていることが重要です。ＩＴ部門は高機能を満載したアプリケーションを開発できるでしょうが、現場のメンバーが適切な情報を見つけるのに苦労したり、ごく一部の機能しか使っていなかったりしたら、残念ながら優れたアプリケーションとは言えません。

何を手放すか

間接部門は、自己組織化が導入されるとき、それまで楽しく遂行していた仕事に別れを告げることになります。階層型組織では、方針や手順の策定にのめり込んで、それが実行可能かどうかには、あまり気を配らなかったはずです。実際に現場で働く人たちから苦情が出て、影響を受けることなど、まずなかったでしょう。

しかし自主経営組織で働く場合、間接部門は、現場業務の品質に関して自分たちが責任を持ち、したがって説明責任も自分たちにあるという考えを捨てなければなりません。責任を持つのは現場の従業員なのです。間接部門が責任を持つのは、現場に提供する支援に対してで、役立つ支援を提供できているかどうかに対してです。

有名な公式〈E＝Q×A＊〉で説明しましょう。Eは支援の「効果」で、それは「品質（Q）」と、受け手の「受容度（A）」との掛け算で求められます。

たとえば、安全管理アドバイザーが、高機能の安全服を推奨したとしましょう。これを着れば、火傷のリスクがゼロになるというものです。品質（Q）は9です。ところが、これを着ると従業員

＊ E ： effectiveness（効果）
Q ： quality （品質）
A ： acceptance （受容度）

はほとんど動けないので、現場ではまず使いものにならないだろうとみなされます。受け手の受容度（A）は低く、２です。従業員がこの安全服を着るよりも、無視する可能性のほうが高いと言えるでしょう。計算式では、９（品質）×２（受容度）＝18（効果）で、この方策の効果は低いと言えます。一方、安全性は少し劣りますが、着用しない場合よりは安全なもので（Q＝8）、着心地が快適なので受容度が高ければ（A＝7）、この方策の効果は56となります。これなら、高機能の安全服に対して、３倍もの効果が得られます。

このように間接部門は、チームメンバーが仕事を遂行する際に何を最も重視するのかを十分に理解したうえで、的確な提案をすることが大切です。最高品質の解決策が、日々の業務でも最大の効果を生むはずだという考えは、手放さなければなりません。状況にぴったり合った支援に対して、チームメンバーは感謝の念を惜しみません。そのことを間接部門が実感できれば、自己組織化での新しい役割に感じていた抵抗感は、日向の雪のように消え去ってゆくことでしょう。

間接部門とマネジャーの関係

マネジャーは、現場のチームが取り組む業務に最終責任を持ちます。したがって業務をおこなううえでのフレームワークや方針、規則の構築にも責任を持ちます。間接部門がフレームワークや方針を構築することもできますが、それを現場で実践するかどうかを最終的に決めるのはマネジャー（とチーム）です。新しい仕組みを円滑に導入することについても、階層型組織では間接部門が担っていた責任をマネジャーが担うことになります。

マネジャーが間接部門に仕組みやツールを構築するよう依頼したり、チームメンバーがその使い道について追加で情報を提供したりするでしょう。間接部門はマネジャーに助言をおこない、マネジャーはその助言に基づいて判断します。

マネジャーは、提案されたフレームワークや手順が業務のために適切な支援を提供してくれるかどうか、チームメンバーと話し合います。調整が必要なら、マネジャーは再び間接部門に相談して専門知識や技術を提供してもらい、適切な修正案を決定します。

間接部門と現場チームの関係

間接部門は、方針やフレームワークについて助言をする際、主にマネジャーと話し合います。チーム内の状況をつねに把握し、チームメンバーにとって何が役立つかを尋ねて情報を収集します。たとえば、チームが、もっと効率よくスケジュールを組んだり、イントラネットをもっと効果的に使ったりするための情報です。

その情報をもとにアイデアを練り、仕組みをつくりあげたら、それに賛同してくれるかチームメンバーに確認してからマネジャーに提案をします。するとマネジャーは、新しい仕組みの影響についてチームメンバーと話し合います。

間接部門は何かを構築する際に旗振り役になることはできますが、それを現場のチームに打診する前にマネジャーから許可をとる必要があります。したがって、間接部門とチームのやりとりは必ずマネジャーを通すことになります。

さもないと、熱心すぎる間接部門があれもこれもと洪水のように要求をチームに持ち込んでしまう危険があります。そしてその要求の大半は、（少なくともその時点では）チームにあまり関係ないものだとマネジャーが最初から予測できるようなものなのです。


一方でチームメンバーが、具体的な事柄についてはっきりさせたいときは、いつでも間接部門に連絡をとれるようにしておくべきです。それは、包括的労働協約についての話かもしれませんし、傷病手当や解雇のルール、研修についての質問、事務的な問題、マーケティングや広報や法務についての質問かもしれません。それ以外にも、法律をどう解釈して適用できるかといった問題や、効率的な事務手続きとＩＴソフトウェアについて助言を求めることもあるでしょう。

チームメンバーからの質問が、すでに構築されたフレームワークに影響しそうなら（つまり、フレームワークの定義があまりに広すぎたり狭すぎたりして、現場で使いづらい場合には）、間接部門はマネジャーと話し合うよう促します。

間接部門の本来の仕事

従来型の組織でも、間接部門に与えられた役割には（本人が望むと望まざるとにかかわらず）責任が伴うことはすでに述べました。ときには、従業員が合意した手順に従ったり従わなかったりといった報告を受ける（そして責任を問われる）こともあります。新しい方針が導入されるとき、その仕事はしばしば間接部門に委託されます。仕事を割り当てられた間接部門は、従業員を説得し、やる気を引き出したい、という責任を感じます。それが高じると、混乱を招くかもしれません。従業員からすれば、責任者はマネジャーのはずだからです。チームからすれば、一艘の船に船長が二人いるように感じてしまうのです。

自主経営組織では、間接部門の役割は、チームメンバーに新しいガイドラインや手順について知らせるだけで十分です。もし具体的な質問が出てくるようなら、きちんと回答しましょう。なんといっても間接部門は、新しい仕組みをつくった専門知識を持ち、それが生まれた経緯も熟知しているからです。チームメンバーが新しいやり方に強く反対している場合には、間接部門は、その件をマネジャーに報告するだけでかまいません。それは間接部門にとってありがたいことです！　なぜなら、間接部門にとって、本来ならマネジャーの責任範囲にあるものに責任を負うのは賢明なことではないからです。もちろん、マネジャーも、こうした責任は自分が負わなければならないと理解していることが前提です。

間接部門は、自己組織化組織における自らの役割をはっきりと理解したら、当初は落胆するかもしれません。自ら行動して業務を構築する自由の大部分が失われてしまうからです。ですが前向きに考えれば、仕事の新たな側面に満足を覚えるでしょう。自分の専門分野の中で、現場で役立つ知識を総動員して、人に助言を与えたり情報を提供したりという、本来の仕事に注力できるからです。

お互いに歩み寄る

間接部門は、従来型でも自主経営型でも、組織の重要な任務を担っています。にもかかわらず、現場の社員が、間接部門の仕事内容をまったく知らない場合も見受けられます。間接部門の仕事はおおむね舞台裏でおこなわれるので、基本的に現場の社員はサポート業務の結果しか目にすることがありません。それがどのように遂行されたかは、ほとんど表に出ないのです。このため「私たち」対「彼ら」という考え方に陥りがちで、これは自己組織化組織においても、両者のあいだに溝を生む原因になりかねません。

自主経営に移行すると、チームは、組織運営に関わる業務も要求されます。たとえば、購買、総務、財務、人事などです。言い換えれば、これは間接部門が得意とする領域そのものです。チームは、間接部門の助けを借りようなどとは考えもしないで、こうした仕事にとりかかることが多いでしょう。ところが、間接部門の存在意義は、まさにチームの業務を円滑にすることにあるので、活用しない手はありません。現場の社員が、品質基準の解釈に何時間も費やすところを、間接部門の品質管理スタッフなら、1時間で教えてくれるはずです。

間接部門の社員は、現場のチームが状況説明のないまま業務を始めなくてもいいように、仕事の背景についての情報や、必要な（事前に定められている場合もある）手順について情報提供することができます。ただし、チームメンバーが直接関わる問題についてのみ触れるべきでしょう。情報は必要最小限に！　たとえば、チームメンバーが、請求可能な労働時間を記録する際、使用されている記録方法の特長や、記録ミスをするとどうなるかを総務部が説明してもいいでしょう。そうすれば、チームメンバーは、記録作業に注意を払おうという気になり、注意を怠った同僚がいれば指摘するようにもなります。

また、間接部門は、事務作業でどのような支援ができるか、積極的にチームメンバーに説明してもいいでしょう。そうすれば、チームメンバーは、もっと頻繁に、もっと早い段階で、間接部門に助けを求めるようになるかもしれません。こうしたすべてが、やがてはお互いの仕事に対する理解を深めていくのです。

サービスセンターの設置

現場のチームと間接部門の意思疎通がより円滑になるよう、サービスセンターを設置するところもあります。サービスセンターは一人か二人で担当し、チームからの相談を受け付けます。相談を受けたら、相談内容に適した専門家に連絡します。専門家は、サービスセンターへ回答を返すか、チームと直接連絡をとって、詳しく相談に乗ります。

こうすれば、現場のチームがたらい回しになることもありません。

サービスセンターの設置は、間接部門が身近な存在になるという意味で、現場のチームにとっては大いに役立つ施策と言えるでしょう。

専門家チームの設置

組織によっては、法的にある程度の責任を持つ専門家と仕事をするところもあります。たとえば、医師、看護師、心理学者、精神科医、補習教育者といった人たちで、ここでは「専門家」と総称することにします。

この専門家を、組織のどこに、どうやって配置するのが最も効果的かという質問をよく受けますが、さまざまな要素が関わってくるため、一概にこれといった答えはありません。というのも、「具体的な資格や能力、仕事の性質は何か」「専門家は、どの程度チームと関わればよいか」「組織全体が、どのように構成されているか」などの変数があまりにも多すぎるからです。

組織によっては、専門家をひとつのチームにまとめ、経営陣の責任下に置くことがあるかもしれません。専門家チームは現場から「呼び出し」がかかると、どの専門家の知識が必要かに応じて対処します。彼らはひとつの自主経営チームとして機能し、他のチームから受けた相談の内容を検討して、それに答えるための最適な人物を選び出します。あるいは、専門家を毎週一定の時間、ひとつまたは複数のチームに配置するという組織もあるでしょう。

もちろん、選択肢は他にもあります。私たちのアドバイスは、「自主経営の原則に基づき、状況に応じて最も合理的な選択肢を見つけてください」ということです。

第5章

チームコーチ

判断と理解は、同義ではない。

――アンドレ・マルロー

チームコーチの目的は、チームをサポートすることです。チームが必要としているときはいつでも手を差し伸べ、メンバーが自主経営《セルフ・マネジメント》に必要な能力を身につけ、協働プロセスを形づくれるように支援します。

長い目で見れば、コーチはいつか必要なくなるだろうと考える組織もあります。その前提は、タックマンモデル*が示したように、チームはいくつかの段階を経て、最終的には自立して活動できるようになるというものです。そこに到達すればコーチの役目は終わると考えているからです。とはいえ、それには条件があります。チームの構成が変わらず、チームメンバーもそのままで、チームが働く環境も変わらないというものです。当然、そのようなことは現実にはありえません。すべてが、つねに変化しているのです。あるメンバーが辞めて、別のメンバーが入ってくることもあるでしょう。あるメンバーの調子が上がらず、チームにある種の（たいていは悪い）影響を与えることもあるでしょう。組織自体に変化があって、メンバーたちがそれに順応しなければならないこともあるかもしれません。今日はすべてがうまくいっているように思えたのに、翌週に何か問題が起こり、チームがコーチの助けを必要とするかもしれません。

また、チームがまったく問題なく機能しているとメンバーが思っていても、彼らには見えていない問題があり、やがて表面化するはずだとコーチが気づくこともあるかもしれません。そんなとき、コーチは自らチームに働きかけて、その問題について話し合えるようにしておくべきです。

このような理由から、チームには、いつでも助けてくれるコーチの存在が欠かせないと私たちは考えています。

組織内での位置づけ

＊ Bruce Wayne Tuckman（1938-2016）
米国の心理学者で、チームビルディングのモデルを説いた。

組織内におけるコーチの位置づけについては、さまざまな見方があります。コーチを間接部門の一部に据え、現場の業務には関与させないようにする組織もあります。その場合、コーチは担当するチームのマネジャーとは直接の関係がなく、チームはコーチをどちらかというと独立した存在とみなします。

とはいえ、マネジャーとコーチはどちらも、それぞれ異なる角度からチームと直接的な関係を持っています。マネジャーとコーチは、現場業務の観点からチームの活動のファシリテーションをおこない、チームが決定権を持たない事項について意思決定をおこなう権限を有します。コーチは、チームワークの促進という観点からチームのファシリテーションを図ります。

マネジャーとコーチは、チームが仕事をうまく進めるために何が必要かについて定期的に話し合いますが、コーチは、具体的なチームの内情をマネジャーに伝えることはしません。一般化したうえで、「解決するのが難しい状況は何か」「チームが動きやすくなるための前提条件は何か」を話し合います。マネジャーは、コーチが自らの役割を果たせるように支援し、コーチがチームを率いたり管理したりしないように注意します。なぜなら、それはマネジャーの仕事ですから（もちろん、遠くから見守る仕事ですが）。マネジャーは、フレームワークについて意思決定をおこない、コーチは、チームに重圧をかけないようにしながら支援をおこないます。コーチが気をつけるべきは、マネジャーの延長のような仕事をしないことです。

コーチは担当チームを持つべきか？

こんな質問をよく耳にします。「自己組織化組織をつくるとき、チームごとにコーチを割り当てたほうがいいか、それとも、コーチのグループをつくって、チームが必要に応じて接触できるようにしたほうがいいか」という質問です。

結論から言えば、チームには特定のコーチをつけるほうがよいと私たちは考えています。コーチとチームが、お互いのことをよく知り合えるからです。さらに、チームに助言が必要になったときも、コーチはすぐに気づくことができるでしょう。たとえば、チームの状況について誰かが不満を抱えているとします。ところが、その不満を他のメンバーが無視すれば、いずれ対立することになりかねません。実際のところ、チームメンバーもその不満には気づいていますが、放っておけば、そのうちなくなるだろうと考えがちです。そうこうしているうちに問題は複雑になっていき、その頃にはもう対立が表面化してしまい、解決するのがかなり難しくなっているはずです。

チームメンバーがコーチのことをよく知っていれば、助けも求めやすいものです。一方、コーチのグループの中から誰かを選ぶとなると、それぞれのコーチとの接点がそれほど多くないので、選ぶのが難しくなります。あるいは、チームが助けを求めて一人のコーチからまた別のコーチへと渡り歩き、自分たちで問題を解決しようとしなくなってしまうおそれもあります。なかには、チーム内での優位を保ちたいがために、問題の解決が長引けばいいと考えるメンバーもいるかもしれません。そういう人が追い詰められると、問題解決に向けた適切な支援を与えてくれなかったと言ってコーチを責める可能性があります。そうして別のコーチに鞍替えし、また同じことを繰り返すのです。こうした状況では、チームがうまく協働するのを何が妨げているのか、原因を突き止めるのにかなりの時間を要することもありえます。

チームごとにコーチを割り当てれば、このような状況は避けられます。別のコーチに切り替えるという選択肢がチームにないからです。担当のコーチが、誰からも邪魔されずに問題解決のプロセスに取り組みつづけることができます。

コーチの役割

コーチの役割は、「**現場のチームのサポーター**」とでも言えるかもしれません。頼まれればサポートするし、頼まれなくてもサポートする存在です。チームが何かについて疑問を抱けば、いつでもコーチに手助けを依頼できます。ときにはコーチが別の誰かに相談することもあるでしょうが、たいていの場合、コーチが自らチームに問いかけ、解決策を見つけられる方向に誘導し、助言を与えることでチームを手助けできるはずです。チーム全体をサポートしつつ、メンバー一人ひとりもサポートするのです。

基本的に、コーチにはどのような内容でも相談してよいとされています。ただしコーチは、内容に応じた具体的な解決策を提供するのではなく、チームが問題の解決策を見つけられるような形でサポートすることに集中します。

また、コーチには「**問題点を指摘する**」という役割もあります（シグナリング）。これはチームメンバーに対しておこなう場合も、経営陣に対しておこなう場合もあります。組織の方針決定がチームにどう影響するのか、多くの場合はコーチが最初に気づくのです。経営陣は各チームの売上を公表するのが名案だと思うかもしれませんが、コーチはチーム間の競争を煽ってしまうと考えるかもしれません。問題は、それが望ましい展開かどうかです。コーチは、こういう問題を経営陣に指摘することができます。

コーチは複数のチームのために働き、ときには複数のチームで起こっている問題が、組織全体の取り組みで一気に解決できると考えることもあります（たとえば、情報システムがきちんと機能していないなど）。コーチはまず、チームが抱えている問題について、マネジャーと話し合うように助言します。ところが、同じ問題を抱えているチームが多いとわかれば、それはすぐにでも解決すべき問題だということが明白になります。

場合によっては、コーチが組織内のフレームワークを新しくつくる取り組みを始めたり、既存のフレームワークがあまりうまく機能していないという兆候をチームから読み取れば、改善するための行動を起こしたりします。

同じことが、自主経営に向かう組織の発展についても言えます。組織における自主経営は、つねに進化しているものです。中央でなされた決断は、チームに明確な影響を与えます。コーチは、スタッフのためにも現場の従業員のためにもイニシアティブをとり、たとえば無断欠勤への対処についてなど、中央でなされた決断の影響についてチームが話し合えるようにします。

もうひとつの重要な仕事が、「**問題や対立が起こった際に仲裁やサポートを提供する**」ことです。複数の人が集まって働く場では、遅かれ早かれ摩擦や対立は起こるものです。チームメンバーは多少なりともその問題に関係しているので、彼ら自身が解決するのはそう簡単ではありません。階層型組織では、このような問題は通常マネジャーが解決しますが、自主経営組織では、チームがその責任を負います。コーチはその手助けをするのです。

それ以外にも、コーチには重要な仕事があります。「業務上の問題を解決するために**社員一人**

ひとりを支援する」ことです。ときには、コーチはメンバーと二人だけで、特定の問題について話し合ったほうがいい場合もあります。その問題が業務には関係していても、チームには直接関係していない場合もあるからです。逆に、あるメンバーが話し相手として、コーチではない「第三者」を希望する場合もあるかもしれません。その場合、コーチはそのメンバーと話し合って、問題解決に向けてチームの協力が必要かどうか、必要ならチームがどう関わればいいかを決めていきます。さらにコーチは、そのメンバーに、手助けしてくれる人やグループを紹介することもできます。

コーチの最後の（でも重要度が低いわけではない）仕事は、「**ミーティングが気持ちよく効果的におこなえるよう、チームメンバーを導く**」ことです。ミーティングは、自主経営チームにとっては重要な時間です。チームの問題が話し合われ、チームとして決断が下される場なのです。コーチは、すべてが円滑に進むよう、ミーティングの実施を補助します。

コーチングの範囲

階層型組織では、「スパン・オブ・コントロール（管理の範囲）」がなじみ深い概念でしょう。これは、いくつのチーム、あるいは何人の従業員までなら監視または管理できるのか、というものです。当然、仕事の複雑さや地位の幅によって異なります。

では、コーチングの範囲などというものはあるのでしょうか？「自主経営チームのコーチ」という役割は新しいものなので、研究データはほとんど存在しません。ですが、経験上、コーチが担当するチーム数は絶対に少なすぎないほうがいいということがわかっています。奇妙に思われるかもしれませんが、担当するチーム数が少なくて、そのコーチが仕事で「役に立ちたい」という強い思いを持っていると、チームに干渉しすぎるリスクが生じるのです。そうすると、チームが本当は自分たちで解決したいと思っている問題に、コーチが頼まれもしないのに「手助け」をしたがるかもしれません。責任をとるのに前向きなチームなら、このようなコーチは押しつけがましいとすぐに感じるでしょう。そうでないチームならうまくやっていけるかもしれませんが、問題解決をコーチに任せるようになってしまうでしょう。

多くの組織において、次の基本原則がコーチングの範囲を決めるのに使われます。

「1チームに対応する時間が、週に平均2時間程度に収まるようにすること」

自主経営導入初期には、この平均時間よりはもう少し多くてもいいでしょう。たとえば、週に2～4時間などです。ここには個別の面会や電話、メールでのやりとりも含まれます。

コーチの仕事の質を維持するには

現場のチームにおいて、メンバーは互いに説明責任を負い、仕事の質が低下するようなら、そのことについて話し合います。ですが、自主経営組織では、コーチの役割はどのように評価されるのでしょう？　コーチの仕事の質が満たされていることを、どのように見ていくべきでしょうか？

コーチは、マネジャーまたは経営者の直下に置かれます。そのいずれかが、コーチの報告相手になるということです。マネジャーはコーチと仕事ぶりについて話をすることができます。コーチの仕事ぶりは、チームから報告を受けます。

場合によっては、チームが自発的に報告することもあるでしょう。それはチームがコーチの仕事に非常に満足しているからか、逆に不満があるからです。マネジャーはこのような苦情があった場合もコーチと話し合い、改善できるようにします。

もちろん、こちらから頼まないかぎり自発的な報告が来ない場合もあるでしょうし、コーチの仕事ぶりの全体像を知りたいという場合もあるでしょう。苦情や賛辞は明らかに特定の出来事に関わるもので、それはコーチの仕事全体の実績について何か教えてくれるわけではありません。

コーチの仕事ぶりについての全体像を知りたかったら、チームメンバーに情報を求めるのが一番です。定期的に、チームメンバーにコーチの仕事ぶりに関するアンケートに記入してもらいましょう。質問項目は、たとえば次のようなものです。

■コーチは、十分かつ迅速なサポートを提供しているか？
■チームの自主経営能力を高める努力をしているか？
■その場合、どのようにそれをおこなっているか？
■アドバイスは役に立っているか？
■チームの決定を尊重しているか？

次のページに、「チームコーチの評価表」の見本を掲載したので参考にしてください。
マネジャーとコーチは、この結果について話し合い、改善点のリストをつくります。

チームコーチの評価表

以下の質問は、チームメンバーが受けたコーチングを評価する際に役に立ちます。

この情報は匿名で収集し、コーチとマネジャーがその結果を一緒に話し合います。

1 どのような状況であればコーチに相談すべきかについて、明確に理解していますか?

2 コーチは要望に対するサポートを、十分かつ迅速におこなっていますか?

3 コーチのアドバイスには満足していますか?

4 コーチは良い聞き手ですか? きちんと関心を示して、質問をしていますか?

5 チームメンバー間で対立や意見の相違があった際に、コーチがどちらかの肩を持っていると感じたことはありますか?

6 コーチはチームを定期的に訪問して、チームの成長に利益となる、あるいは害となることについて話し合っていますか?

7 コーチは、記録、報告、人事問題などの手続きを進める際に、十分な支援を提供していますか?

コーチに必要な能力

自主経営チームのコーチングに求められる能力は独特なものです。一般的には、学習を通じて習得できるものですが、コーチがある程度の才能を持っていれば習得も早いでしょう。ここでいう「才能」とは、学習による習得が難しい、内面的な資質のことです。

優れたコーチングができるためには、**俯瞰的視点**を持っていることが必要不可欠です。言い換えれば、コーチは「**抽象的に物事を考えることができ、内容とプロセスを区別する**」、あるいは「**メタコミュニケーション*****がとれる**」ということです。

チームメンバーが問題について話し合う際、コーチは内容に耳を傾けると同時に、チームが建設的に協働できているかどうかも見極められなければなりません。チームがうまく協働できていない場合、議論を妨げないようにしながら、話し合う内容や協力関係を改善するために何が役立つかを指摘する必要があります。たとえば、「リサ、そのことにはメリットだけでなくデメリットもあると思う？　あるいは、もしかして他に提案があったりする？」といった具合です。ミーティングの際に、チームメンバーの気分を害さずに助言することが大事です。

＊ 今起こっているやりとりを俯瞰的・客観的な視点で把握し、その場で共有すること。

メタコミュニケーションがとれないコーチは、人々がどのようにコミュニケーションをとっているのかではなく、内容だけに気をとられ、それだけで評価をしがちです。

優れたコーチングに役立つ才能のひとつが、忍耐です。コーチがチームのペースに合わせることはとても大切です。ときにはチームが結論を出すのに時間を要する場合もあり、コーチがせっついても何の役にも立ちません。むしろ、チームメンバーがプレッシャーを感じてコーチを拒絶し、解決プロセスを台無しにしてしまうだけです。

最後に、コーチは人々への偏見のない関心を持っていることが重要です。コーチは人間相手の仕事です。そしてチームメンバーは全員、ありのままを尊重してくれるコーチに担当してもらう権利があるのです。これはつまり、コーチがどのメンバーにも同じように接するという意味です。プロのコーチは自分の好みを脇に置いて、すべてのメンバーに思いやりと敬意を持って対応し、みんなが気持ちよく話せるようにすべきです。

性格的に、リーダーシップをとるのが好きだったり、完璧主義になりがちだったりする人がコーチをする場合、チームが自ら決断を下せる手助けができるようになるまでに、相応の努力を重ねることが必要になるでしょう。このようなコーチは、チームを自分の色に染めたがり、最終的にはチームリーダーの役割までこなしてしまいがちです。

人を喜ばせるのが好きなコーチも、コーチングには苦労するでしょう。このようなコーチにとっての落とし穴は、チームが何を求めているかに意識を集中しすぎるあまり、チームを前進させるのに必要な、批判的な問いかけを引っ込めてしまうことです。

肩を持つ――コーチの意見

前述したように、コーチはチームの話し合いの内容だけを見て判断を下すべきではありません。それをしてしまった瞬間に中立的な立場を失い、どちらかの「肩を持つ」ことになるからです。つまりチームの一員となってしまうわけですが、それはコーチの役割とは異なります。コーチは、チームに寄り添うべき立場なのです。コーチの判断は、チームメンバーの意見がおおむね一致しているうちは大した影響を与えませんが、意見の相違が生じると、チームメンバーはすぐにそれを「あっち側についた」と解釈します。そうなると、もう中立的なコーチングは望めません。「負けそうな側」が、そのコーチともう気持ちよく話し合えなくなるからです。

とはいえ、例外もあります。チームが問題の解決策を模索していて、組織のフレームワークを外れる提案が出た場合、コーチは意見を述べることができるのです。たとえば、年中無休・24時間営業の組織で、「チームメンバー全員が、どのシフトにも入れるようにしておく必要がある」という合意がなされたとします。もしデビッドというメンバーが、週末に働くことを拒否したり、週末に自分がシフトに入らないよう勤務表をたびたび操作していたりすれば、他のメンバーは怒るでしょう。そこでコーチは、どこかの時点で次のように意見します。

「デビッド、君が週末のシフトを拒否して、平日にしかシフトを入れないのは、フレームワークから外れているよね。君の仲間たちは、君にもルールを守ってほしいと考えている。そうするつもりはあるかな？」

コーチはデビッドの行動について意見を述べたわけですが、フレームワークや規則について触れることで、立場としては公平を保っています。意見を述べたあとはすぐに、メンバー同士で話し合いを続けるよう促します。このように、メンバーの行動をフレームワークに照らし合わせることで、予想される対立を避ける方法を示すことができます。このやり方を、チームでも真似できるのです。

コーチの介入方法

コーチングの技は、適切なタイミングで適切な介入をおこない、それによってチームが前進できるよう支援するところにあります。自主経営組織には、解決指向のコーチング手法が最適だと私たちは考えています。ＳＤＭＩ*と呼ばれる「解決指向の意思疎通法」については、次の章で詳しく説明します。

コーチングにおいて、チームに寄り沿った簡潔で明確な介入や、チームの協働プロセスをできるかぎり邪魔しない介入が、最大限の効果を生みます。問題解決プロセスを詳しく解説したり、チームがどんな段階を経ているのかについて説明したりすることは、メンバーに気づきを促すかもしれませんが、チームを足止めすることにもなりかねません。それが必ずしも解決策に結びつくとは限らないのです。同じことが、コーチの陥りがちな「お節介」にも言えます。

たとえば、メンバーの能力を強化しようとしたり（どんな能力を、誰に頼まれて強化しようというのでしょう？）、メンバーの資質について自分の意見を述べたりといったことです。こうした行為は、メンバーの要望に直接結びつかないことが多いので、チームとの一体化を失うことになりかねません。チームで話し合われていることについてコーチがすぐさま反応できれば、チームとのつながりを保つことができ、メンバーはコーチの貢献が付加価値になると感じるようになるのです。

チームは、自分たちの協力関係が行き詰まっていると感じたり、意思決定が膠着状態になったりしたとき、コーチに相談します。コーチは、こうした状況に「動き」を与えるように努力します。もし、チームが一般論だけで話し合いを続けていると、議論は堂々巡りに陥りやすいでしょう。

＊ SDMI: Solution Driven Method of Interaction

たとえば、「意思決定が、どこにも行き着かない」「お互いに、理解しあうのが難しい」「みんな本音で話せば、もっとうまくいくのに」といった状況です。

コーチは、こうした曖昧な発言を、問いを投げかけつづけることで具体化していくのです。たとえば、「意思決定するために、まずは何が必要でしょうか？」「具体的には誰が本音を説明すべきでしょうか？」といった問いです。左頁の表は、一般論を具体化するための方法です。こうした素朴な問いを発することで、話し合いを迅速に前へ進めることができます。

なお、コーチが解決指向の問いを活用してチームをサポートする方法は、第9章で詳しく紹介します。

求められるアドバイスと、求められないアドバイス

チームから求められても求められなくても、何らかのアドバイスを提供しようとコーチが決断するときがあるでしょう。一部のコーチ研修では、アドバイスを提供しないのを推奨することもあります。その理由は「コーチのアドバイスはチームに一定の方向性を押しつけ、メンバーが自分たちの道を選ぶ自由がないと感じるかもしれないから」です。さらに、他人から示された解決策は、自分で思いついたものほど効果的にはならないものです。

チームメンバーからの曖昧な意見	コーチの問い
「みんなを満足させることはできない」	「誰を満足させることができないのでしょうか?」 「あなたが求めていることと、相手が求めていることは何が違うのでしょうか?」
「やっぱり、リーダーが必要だ」	「なぜ?」 「そのリーダーは何を引っ張っていくべきでしょうか?」 「そのリーダーがやるべきとされることで、今なされていないことは何でしょうか?」
「そういう考え方は、実際、ここには合わない」	「どの考え方が、ここには合わないと思うのでしょうか?」 「その考え方が合わないと、どうして思いますか?」
「このチームで働くのは、難しいこともある」	「何が難しいと思いますか?」 「何を変えたいと思いますか?」
「ちょっと考える時間が欲しい」	「先に進めるようになるのに、どれくらいの時間が必要ですか?」
「このチームはコミュニケーションについて話し合うべきだ」	「この話し合いで、何を達成すべきですか?」

とはいえ、チームはありとあらゆるメディアや人から情報やアイデアを得るのですから、なぜコーチとの話し合いでそれを入手してはいけないのでしょうか？

大切なのは、コーチがアドバイスを提供したあとに何をするかです。自分のアドバイスをヒントとして使うようにチームに伝えるのか、それとも実際に自分のアドバイスを彼らに「売り込む」のか、ということです。アドバイスを「売り込む」と、チーム全員が賛同しないかもしれない決定を押しつけることになります。そうではなく、別の考え方があることを示し、普段とは違う考え方をするようにチームに刺激を与えることもできるでしょう。自分のアドバイスを吟味させることで、コーチはチームが自らの意見を形成するよう促すのです。コーチの意見が却下されてもいいのです。チームのプロセスに「動き」をもたらすことで、自分の介入がどんなことを「引き起こすか」を見るのが目的だからです。

ときには、チームが何の疑問も持たずにアドバイスを受け入れるかもしれません。たとえば、メンバーたちが「あなたがそう言うなら、それでけっこうですよ」と言えば、アドバイスについて真剣に考えていないことがわかります。そうなると、アドバイスに従って行動しても、望むような効果は得られないでしょう。そこで、コーチは問いを投げかけます。「今の答えは、私のアドバイスを受け入れるのに十分な理由には思えません。この問題に取り組むのは、みなさん一人ひとりですよね。それなら、なぜ私のアドバイスが優れた解決策になると思えるのでしょうか？」

基本的に、コーチ自身が自分の意図する方向に誘導質問をするよりは、直接アドバイスを提供したほうがうまくいきます。誘導質問は曖昧で回りくどく、メンバーはコーチが特定の方向へ導こうとしていることにすぐ気づきます。この方法は、押しつけがましいとさえ言えるでしょう。「誰かに誘導されなければ、そのチームはアドバイスを公平に評価できない」と示しているようなものですから。

個人ごとのアプローチ

個人ごとのアプローチは、コーチがチームにかなりの動きをもたらすことのできる技術です。人は、チームを全体として見ようとするものです。「あのチームはもめている」「このチームはなかなか合意できない」「あのチームは最高だ！」「このチームでは他人の噂話ばかりしている」といった具合です。

こうした見方をしていると、コーチが効果的な介入をおこなうのが難しくなります。コーチがつねにチーム全体を相手にして、こんなふうに言ったとします。

「チームの中であまりにも噂話が多いから、問題提起してほしいということだね。噂話はチームの団結心を弱めてしまうから、どうやって解決すればいいかな？」

ここで問題なのは、コーチのこの発言を、個々のメンバーが「私（個人）に向かって話しかけているんだな」と感じないことです。実際、コーチからこうした問いを受けると、たいていは噂話についての一般的な議論に終始しがちです。「噂話は是か非か？」「噂話は、いつするなら許されるか？」「噂話はどんなときでも、決して許されるものではない？」といった具合です。

ですが、ここで必要なのは、メンバーが噂話についてお互いに話し合うことです。解決策があるのも、そこです。私たちから見れば、チーム全体をひとつの単位として扱ってはいけません。チームは個人で構成されているもので、各人がそれぞれのやり方でチームのプロセスに影響を与えているのです。

解決指向のアプローチをとるコーチなら、チームにこう話しかけるでしょう。

「あなたたちの何人かが、一部のメンバーによる他の人への悪口が問題だと感じている、と教えてくれました。この問題を解決できる提案を持っている人はいますか？」

話し合いの際にも、コーチはこの個人ごとのアプローチを使って、メンバーが個人的に対処してもらっていると感じられるようにし、自分が持つべき責任を果たすよう促すことができます。左頁の表は、その一例です。

グループ型のアプローチ	個人ごとのアプローチ
「ほら、みんな、脱線しないで」	「ルシア、デビッドの考えについてどう思う?」
「この件をどう話し合うつもり?」	「誰か計画案のある人は?」
「ひょっとすると、将来的には、みんなが時間管理をしっかり監視すべきかもしれないね」	「マリアン、あなたが次の締切を守ってくれるかどうか、ルシアが知りたがってるけど、できると思う?」
「このチームは今、みんなが自分本位に行動している。どうしてそうなったか、考えてみよう」	「みんながこのチームでもっと気持ちよく仕事できるようになるために、何か提案がある人は?」

影響力の発揮と長期的効果

コーチングの時間を終えるとき、たとえば「チームワークの改善に、どのような貢献ができたか」と考えることがあるかもしれません。話し合いは十分になされたはずだと感じる一方で、大した変化は起こらないだろう、と思うかもしれません。しかし１週間後にチームに戻ると、最後のミーティングのときよりも、雰囲気が目に見えて柔らかくなっています。冗談が飛び交うようになり、お互いを避けていたメンバー同士が共通の問題について相談しています。協力関係の調子はどうかとコーチが尋ねると、次のような答えが返ってきます。

「前回の助言のおかげで、ストレスのある状況への対処の仕方は人によって違うんだと、心底、思い知らされました。そのとき、自分が他の人たちの対処法に口を挟んでもしようがないと気づいたんです。だから、もうそのことで騒ぎ立てないようにしようと決めました」

コーチは、すべての介入において影響力を発揮します。ただ、その効果が目に見えてくるのに時間がかかる場合もあるというだけです。メンバーは物事を処理するのに時間が必要なのです。何度か話し合ったり、家に帰って家族と相談したりするかもしれません。コーチが発した、たった一言が、チームの機能を改善するのに大きな効果を発揮することもあるのです。

力の使いどころをうまく配分する

コーチが気を付けるべき落とし穴のひとつが、力の使いどころのバランスを崩してしまうことです。問題について話し合う際にチームは、問題の責任を自分たち以外のどこかに押しつけようとしたり、単に問題解決に取り組もうとしなかったりします。このような場合、コーチは最終的にきちんと責任をとるようチームに促すかもしれません。つまり、「もし対応の仕方を変えれば、クライアントも、もっと前向きな反応をすると思いますよ」とか、「もう少しだけ努力すれば、自分たちはきちんと対処できるということがわかるはずですよ」という形で励まそうとするのです。この場合、コーチが問題解決に費やすエネルギーは明らかにメンバーよりも多く、それがメンバーにとって無言の圧力となります。その結果、メンバーは、追い詰められたと感じ、ますます問題解決に取り組む意欲を失ってしまいます。そうなると、コーチとメンバーとのあいだに対立が生じ、そもそも存在しなかった問題が生まれたりします。

チームメンバーは問題の解決に責任を負います。そのための努力をしないのなら、コーチはその点を指摘すべきです。もしメンバーが「私が何をしたって、何も実現できないですから」と言うなら、コーチはこう応じるべきでしょう。「それじゃ、もし私があなただったら、問題解決以外のすべてのことに対しても、何もしないでしょうね」

逆もまた起こりえます。チームが、問題解決に多大な努力を費やそうとするのです。そうなると、コーチはメンバーに悩まされます。メンバーがアドバイスを求めて何度も面会を申し込み、コーチの一言一句を聞き漏らすまいとするからです。するとコーチは衝動的に、チームから距離を置こうとするでしょう。ところが、いっそう追いかけられる可能性もあります。それよりは、メンバーが何を期待しているのか、話し合ったほうがいいでしょう。

マネジャーについての苦情

チームメンバーが、マネジャーについての苦情を言ってくることがあります。たとえば次のようなものです。


「チームに最新情報を伝えない」

「約束を守らない」

「しょっちゅう連絡がとれなくなる」

「メンバーが機能できないようなフレームワークを構築する」


その場合、コーチとしては難しい立場に立たされます。

コーチはすぐに、「それはまずいな。何とかしなければ！」と反応し、怒りもあらわにマネジャーのもとへ走り、「チームにそんな扱いをするのは不当です！」と非難するかもしれません。

コーチのこうした行為は、自分をマネジャーより上に置き、自分が上司であるかのように振る舞う行為です。マネジャーは当然それに反発し、防御の構えをとるでしょう。それは、コーチとマネジャーの関係に深刻な影響を与えかねません。

チームにとっても、コーチが権限を越えた地位に自らを置いているように見えるでしょう。コーチはチームから責任を奪い、チームが自分たちで問題を解決できないと示唆しているのです。

実際に対立が生じているのはチームとマネジャーのあいだですが、チームがその対立を解消できるよう、コーチは手助けできるはずです。たとえば、解決策を検討するため、マネジャーとその問題について話し合うようチームに促すこともできます。そうすれば、チームは責任を負うことができます。このようなやり方なら、コーチとマネジャーの関係も、コーチとチームの関係も、それぞれ円滑に保つことができるでしょう。

チームとのつながり

コーチには、チームと良好なつながりを維持する責任があります。そのためには、すべてのチームメンバーが「コーチは自分に敬意を払い、つねに耳を傾けてくれる」と感じている必要があります。コーチがメンバーの意見に対して判断を述べてはいけない理由のひとつがこれです。コーチが判断を下してしまうと、本当に正しいのは誰かを探るようになり、最悪の場合、チームにその判断を伝えてしまいます。そうなると、間違っていると言われたメンバーは当然、コーチが自分には敬意を払っていないと感じてしまいます。

対人関係の問題になると、誰が正しくて、誰が間違っているかを決めるのはほぼ不可能です。

「合意を守ろうとしないメンバーは、間違っているか?」

「同僚に相談しないで勝手にミーティングの日時を決め、その同僚の、会議に出ようという気分を殺いでしまうメンバーは、間違っているか?」

「あるメンバーがほとんどミーティングに出ないので、そのメンバーに相談せずにミーティングの日時を決めるのは、正しいか?」

コーチは中立であるべきで、誰が正しくて誰が間違っているかという判断は決してせず、チームメンバーが意見の相違を解消できるような方法を促すことに集中すれば、メンバー全員とのつながりを維持できるのです。

第6章 自主経営チーム

チームの強みは、一人ひとりのメンバーだ。
メンバー一人ひとりの強みは、チームだ。

――フィル・ジャクソン

自己組織化は、チーム内でどのように機能するのでしょうか？　メンバー同士は、協力関係を楽しみつつ効率的に目標を達成するには、どのようにコミュニケーションをとればいいのでしょうか？　さらに、良好なコミュニケーション以外に、何が必要とされるのでしょうか？

すでに説明したとおり、マネジャーやコーチ、そして間接部門の役割は、チームのファシリテーションです。とはいえ、現場のメンバーが何もしなくていいということではありません。メンバーに要求されることは数多くあり、階層型組織で働く場合とは異なる知識や技能が求められます。ちなみに、一部のマネジャーの考えとは対照的に、ほとんどのメンバーは、こうした技能を身につけたり、チームをうまく機能させるために責任を負ったりすることを楽しんでいるのです。

自己組織化組織は、通常、チームメンバーがきちんと仕事を回せるように、かなりの自由を与えていますが、どんな仕事を担っているかは、実際のところ、それほど重要ではありません。「清掃」の仕事をしている人も、看護師やトラックの運転手と同じくらい、専門職としての意識を持って仕事に取り組み、優れた成果をあげたいと思っています。どのメンバーでも責任を持ち、チームに貢献できるのです。

この章では、自主経営《セルフ・マネジメント》チームの一員として働くうえでの注意点をいくつか述べたいと思います。

チームをつくる

では、最初から始めましょう。まずはチームをつくるところからです。組織が自主経営への移行を決断すると、多くのマネジャーは、誰がどのチームで働くかを決めなければならないと思うかもしれません。ですが、その判断はチームに任せたほうがいいでしょう。製品やサービス、クライアントにとって、どのチーム構成が最適かは、チームが自分たちで決められるのです。

このため、チームのフレームワーク（能力、柔軟性の度合いなど）をある程度決めておくのは良い考えですが、いったんそれができたら、メンバー同士で話し合い、何を選ぶかを決められるようにすべきです。組織が自主経営に「傾く」ときこそ、メンバーが気持ちよく働けるチームの一員になる機会を提供する、絶好のタイミングだからです。

階層型組織では、メンバー同士の親密さが果たす役割は、そこまで大きくはありません（重要でないとは言いませんが）。なぜなら、仕事に対する責任が個人に付随しているからです。問題が発生したら、それを解決するのはマネジャーかチームリーダーの仕事です。ところが、自主経営チームでは、チームの成果に対してメンバーが共同で責任を持つため、協力して問題に対処する必要があります。メンバーがお互いに親密な関係を保っていれば、チームワーク関連の問題はどんなものでも簡単に解決できるようになります。

こうした理由から、新しいメンバーを採用するときには、チームメンバー自身が選べるようにしておくことが重要です。これができれば、チームメンバーが、すでに自分たちが持っている資質は何か、どの資質が欠けているか、それゆえ、どんな人材を求めるのか、といったことを批判的な目で見られるようになるのです。

メンバーの要件とは

そのチームが問題解決にあたって協力できるかどうかを見極められるのは、実際に問題が生じたときだけです。そのとき、うまく連携できないメンバーがいると、どんな問題でもチームに危機が訪れるのではないかと思うかもしれません。そのとき出てくる疑問は「自律的なチームで働くメンバーには、特定の要件を求めてもいいのか」というものです。有益な資質もありますが、チームワークの邪魔になる資質もあるのです。

自主経営チームがうまくいくかどうかは、部分的には、メンバーがお互いにどの程度の現実的な合意を形成できるかによって決まります。自分の視点を同僚のそれに合わせて変える心構えができている人や、すべてのメンバーが納得できる妥協点を独創的に形成できる人なら、協力は簡単にできるでしょう。**妥協または「譲歩」する心構えができている**ということは、協力することに前向きで、同僚たちのことをつねに考慮しているという態度を示すことです。こうした態度は、チームメンバーの意見が割れた場合でも、良い刺激となります。この刺激によって、妥協点が見つけやすくなるのです。

自主経営チームでは、同僚たちは、仕事の質も一緒にモニタリングすべきです。「**レジリエンス**」は、ここで役立つ資質と言えるでしょう。仕事に関して同僚から何か指摘があった際、どのような振る舞いが重要でしょうか。まず、自分は攻撃されているのではないと感じることが大切です。しかし同時に、ふだん自分がどのように行動しているか、一歩引いて自分を見つめなおし、調整する心構えができれば、前向きな効果が得られるでしょう。そうすれば、次回以降も話しやすくなるでしょう。

意見が合わない人への敬意も、自主経営チームの運営に役立ちます。「反対者」を非難するメンバーは、すぐにチーム内に張りつめた空気をもたらすでしょう。さらに、自分の意見に拘泥する人、自分の価値観や基準を同僚のそれよりも優先する人、チーム内で「ボス」として振る舞う人などは、メンバーをひとつにまとめるのではなく、むしろ離散させてしまいます。

解決指向ではなく、次から次へと反対意見を出す傾向があるメンバーがいると、議論して合意にいたるのは難しいでしょう。こうした「道をふさぐ竜（過剰なリスク）」を探す人がいると、決断を下すのが困難になり、同僚たちの苛立ちを募らせることになりかねません。

最後に取り上げたいのが、余計な口出しをする人です。柔軟に活動することが不得意で、何か例外が出てくるたびに、新しいルールをむりやりチームに合意させようとする人です。こうした人がいると、他のメンバーはやる気を殺がれるでしょう。他のメンバーにしてみれば、ルールがあるせいで、状況に合わせて独創的な解決策を見つけることがますます難しくなるからです。独創的な解決策こそ、自己組織化組織で働くうえでの大きな利点のひとつだからです。

合意したことを明文化する

自主経営を運用していくと、時間が経つにつれて、チームごとに独自の文化が生まれ、具体的な業務に合わせた合意が一つひとつ決まっていきます。新人メンバーは通常、それまでに存在していた合意を尊重します。そのメンバーは、チームに順応してから、チームにどんな変化や合意が必要かといった議論に加わるようになるでしょう。

ところが新人の中には、かなり早い段階で実績を出そうとして、既存の合意をすぐさま議論の俎上に載せようとする人も出てきます。たとえば、休暇や非番の計画に関することや、仕事の配分に関することなどです。そうした場合に「古参」のチームメンバーは、すでに合意されている文化に新人が順応できるよう努力しなければなりません。

こうした問題を避けるには、新人がチームに参加する際に、既存の合意を理解して受け入れることを明文化した条項を契約に含めておけばいいでしょう。

こうした合意を、いわゆる「チーム・ハンドブック」に明記しておくのです。このハンドブックは、さまざまな分野における合意事項が網羅されているものです。合意事項は議事録や決議一覧に記録されがちですが、それだとすぐに参照できないおそれがあります。

チームタスクとは？

自主経営チームが目指すのは、メンバーが結果に共同で責任を持つことです。それを実現するためには、組織運営のタスクがおこなわれなければなりません。階層型組織では、ふつうはチームリーダーがこのタスクを担い、自己組織化組織ではチームメンバーが自らおこないます。たとえば、スケジュール調整や勤務表の作成、品質管理、業務改善、外部とのやりとり、会議の準備や進行や議事録作成、新しいチームメンバーの採用などです。チームの仕事内容に関連するものは、自分たちでこなす必要があるのです。

これらの活動を「チームタスク」と呼びます。チームタスクは、自ら率先して引き受けようというメンバーや、その仕事を覚えたいというメンバーが持ち回りで担当します。チームタスクを引き受けたメンバーには、チームに対して、より強い責任感が生まれます。もちろん、チーム全体でも責任を負う必要があります。

一般的な組織では、仕事に対して役職を付与するのはよくあることです。「プランナー」「議長」「人事担当者」「業績管理者」「財務担当者」といった具合です。どの役割にも、一連の仕事が伴います。ここで注意したいのは、役職が地位としてみなされ、そこにある程度の権限が付随するおそれがあることです。これは絶対にあってはなりません。実際に、「この役職をずっとやってきたのだから、他のメンバーよりも給料を上げてほしい」と言い出すメンバーが出てくることもあるのです。

チームメンバーは全員が平等で、チームに関するすべての問題について平等に発言権を持っています。それを踏まえて、私たちは「役職」ではなく「チームタスク」と呼ぶようにしています。大きなチームタスクは小タスクに分けることができます。つまり、大きなタスクは複数のメンバーで責任を分担できるという意味です。たとえば「インターンの面倒をみるタスク」「外部との連絡をとるタスク」などです。小タスクに分けることで、限定的な勤務条件のメンバーもチームタスクを担えるようになります。チームタスクは他のメンバーのためにおこなわれるものなので、担当者は同僚に対する説明責任を負うことになります。タスクが要件に応じて実行されない場合、同僚たちは担当者に説明を求めることができます。担当者がチームタスクをうまく実行できないときには、別のメンバーがタスクを引き継ぐこともあります。

タスクは持ち回りにする

チームタスクは、定期的にメンバー間で持ち回りにすることも重要です。全員にそのタスクを担う機会を与えるのです。チームタスクを担うことは、個人的な成長の幅を広げる方法でもあるからです。加えて、チームの全体像も見えるようになってきます。そうすると、同僚が直面している問題についても理解できるようになります。たとえば、気まぐれな人の発言に対処しなければならない経験をしていれば、同僚が同じような問題をチーム内で話し合おうとするときに共感できるでしょう。

チームタスクは、半年に一度くらいの頻度で回すのがいいでしょう。たまに、３年くらい放置している例を目にしますが、それでは長すぎます。ひとつのタスクを長期間にわたって担当しつづけると、それはもう「地位」になってしまうからです。

新人のメンバーは、通常、チームの動き方を理解して有意義な貢献ができるようになるまで、チームタスクを担う対象には含まれません。

自主経営で品質保証を実践する

自己組織化組織では、仕事の品質をモニタリングするのはチームの責任です。マネジャーは品質のフレームワークを設定し、現場のチームは品質の良い仕事を保証します。現場のチームは、質の高い仕事を提供することに喜びを感じるものです（つまるところ、理由があって、その職業に就くために勉強したのですから）。自己組織化を進めるときには、「プロフェッショナルは、優れた仕事をやり遂げたいと思うものだ」という前提に立つことが大切です。現場の人々が高い品質にこだわるのは、クライアントと身近に接しているので、苦情を受けるよりは褒められたほうが気分もいいからです。

チームで仕事の品質をモニタリングする方法はいくつもあります。そのために複雑で時間のかかるシステムを構築する必要はまったくありませんが、メンバーが自分たちに何が求められているのかを知っておくことは重要です。たとえば、品質について具体的に話し合えるように、議論をファシリテーションできるような質問項目をチームに提供することもできるでしょう。

この項では、実践しやすいモニタリングや改善の方法を、いくつか紹介します。

「かなえたい未来」をもとに批判する

合意が守られていなかったり、仕事が不十分だったりした場合、メンバー同士で直接、指摘しあうのは難しいものです。攻撃的な反応に遭うのが怖いのは当然です。批判に対処しきれず、怒りを露わにする人もいるでしょう。そのため、批判的な意見を言うときには、前向きな感想を付け足して波風を立てないようにしがちです。たとえば、こんな具合に。

「あなたは間違いなく仕事をきちんとこなしていますが、もし再び難しい議論をする立場になったら、そのときはこうしてみたらどうですか？」

しかし、批判に堪えられない人は、冒頭の「あなたは仕事をきちんとこなしている」の部分だけを聞いて、本題の批判的な意見そのものには耳を貸そうとしないものです。そうなると、「品質に説明責任を持つ状態になる」など論外となってしまいます。

また、別の方法として、何がうまくいっていないのかを相手に答えさせるやり方もあります。たとえば、こんな質問です。

「あの人との話し合いはどうだった？」

「あの件について、彼女の反応はどうだった？」

「それを避けることはできたと思う？」

「次回に向けて、どんなことを学べた？」


このような質問をされると、見下されているように感じ、次からは、相手に対して壁をつくってしまうでしょう。この方法も、品質への効果は期待できません。

こうした場合、私たちは、批判を願望として表現するようにしています。


「彼女との話し合いは、君にとってかなり難しいと思うけど、彼女の個人的な状況も、少し考慮してあげることはできるかな？　彼女があとから私に相談してきて、君との話し合いがとても難しいと言ったんだ。もちろん、君が同意しなくてもかまわないけど、同僚たちが実際にそう感じているということから解釈できるのは、ひとつしかないように思うんだ」


人は、提案や叱責よりも、変化の要望（願い事）に対処するほうが簡単なものです。

「この順番で作業したら、ものすごい時間の無駄だって、わからないの？」

これは非難ですが、それをこう言い換えるのです。

「まず、これを先にやって、そのあとこれをやれば、時間がとても節約できるはず。あなたはどう思う？」

あなたがチームの一員なら、定期的にフィードバックしてもらうよう同僚に依頼するのもいいでしょう。そうすれば、同僚はあなたが批判に耳を傾けようとしていることがわかりますし、仕事のやり方をどう変えたらいいか伝えやすくなります。

顧客の声に耳を傾ける

消費者は、仕事の品質を知ることができる重要な情報源です。どんな仕事をしている人にも、消費者は必ずいるのです。商品を買ってくれるお客さん、サービスを受けるクライアント、教育を受ける生徒、スケジュール調整や事務仕事などの支援を受けるチームメンバー、サポート業務を受ける現場の同僚も消費者なのです。

消費者は、気づかないうちに、こちらの仕事のやり方について多くの情報を教えてくれます。たとえば、「あちこち、たらい回しにされて……」という話を聞いたら、部署内の誰が何をやるべきかが明確になっていないということです。これだけで、進捗会議を開く十分な理由になります。

生徒が、「今週の授業は先週ほど刺激的ではなく、理屈っぽかった」という感想を言ったときも同様です。それに対して「生徒たちは、いつだって文句ばっかり言う」と思うのではなく、もっと実践的な内容を取り入れてみようと考えることもできます。

ここで付け加えておきたいのは、大規模な顧客満足度調査をおこなっても、あまり効果がないことです。そうした調査結果は、チームの具体的な活動には直結しづらいからです。顧客の満足度を測るためには、その顧客と直接仕事をしている人に任せたほうがいいでしょう。チームは、クライアントと直接つながっているので、品質に対して強い責任感を持っています。だからこそ、クライアントからの批判を、つねに真摯に受け止めようとするのです。

同僚をシャドーイングする

ひとつの仕事に長いこと携わっていると、自分流の、やりやすい仕事の進め方ができあがってきます。そうなると視野を狭め、自分のやり方以外に目を向けなくなり、死角が生じます。いわゆる「ブラインドスポット」と呼ばれるものです。このブラインドスポットを減らすには、「見たままを反復する」シャドーイングをおこなうのが効果的です。シャドーイングは、一日中、同僚の行動を見たまま反復して、追体験します。それによって、同僚と自分の仕事の進め方を比較し、批判的に検証することができるでしょう。たとえば、こんな具合です。

「この同僚は、なぜ、こんな仕事の進め方をするんだろう?」

「クライアントからの反応は、どんなふうに違うんだろう?」

「自分の仕事の進め方を、もっと手際よく、もっとおもしろくするには、この観察結果をどう生かせばいいんだろう?」

インタービジョン

さらに、視野を広げる方法として、インタービジョン（相互の相談）があります。同僚との話し合いのなかで、「自分には解決策が見つかっていない問題」や「もっとうまくやれる方法があるはずだという状況」について説明します。そうすれば、同僚がその状況について質問したり、アドバイスしたりしてくれるでしょう。そのアドバイスには同僚の視点が反映されているので、自分の仕事の進め方について別の方法がないか、視野を広げてくれます。

組織によっては、インタービジョンを必須としているところもあります。たとえば、各チームで4〜6週間に1回、インタービジョンのセッションを実施したりしています。こうした定期的な開催には欠点もあります。同僚との話し合いが、必要性からではなく、義務だからという理由でおこなわれてしまう点です。品質向上の手法と同様のことが、ここでも言えます。インタービジョンは、必要に応じて開催されるべきです。必要が生じたときに、チームの定例会議などで議題にすればいいでしょう。

評価インタビュー

実績評価（または、評価インタビューや年次レビューなど）についても、先のインタービジョンと同じことが言えます。多くの階層型組織には、評価専門の部署があり、複雑な制度、書式、面接の手法、研修など、数えきれないほどの項目が用意されています。評価インタビューは本来、従業員の実績について、マネジャーと従業員が双方向で対話することを意図していました。これは、マネジャーの意見だけが重視される（したがって、きわめて階層的と言える）査定インタビューとは対照的なものです。

もともと評価インタビューでは、従業員がこの先どう成長していきたいかを含めた合意がなされるものでした。従業員はその合意を受け入れるか、抗議することができました。1970〜80年代では、それは革命的なことでした。現在でも、評価インタビューは毎年、律儀におこなわれています。従業員が長年にわたって十分満足して働いていても、従業員やマネジャーがインタビューする必要などまったくないと感じていても、必ず実施されるのです。

自己組織化への移行を検討している組織は、どこかの時点で「評価インタビューは、どうなるのか？」という問いに直面します。なぜなら、その話し合いを実施すべき直接的なマネジャーがいなくなるからです。もちろん経営者には、年間５００回にもおよぶインタビューを引き受ける時間などありません。

私たちの提案は、評価インタビューはチーム内で実施すればいいというものです。メンバーはチームの品質と発展に共同で責任を持っていますし、インタビューは必要な場合のみ実施すれば十分です。現実的には、あるメンバーが仕事を改善しようとすれば、評価インタビューではない改善方法を選びます。そのほうが、短い時間で、同じ成果を出せるからです。あるいは、同僚の一人か二人と、全体的な実績について話し合ったりするでしょう。さらに、長所や改善点については、業務内容に応じてチーム内で話し合うこともあります。その際、２つの「トップ」（うまくできていること）と、２つの「ヒント」（改善点）を交換しあいます。チームメンバー全員がこれをお互いにおこなえば、それぞれの強みや弱みがかなり明確に見えてくるはずです。

こうした理由で、自主経営組織では、統一的な評価インタビューの仕組みは必要ないのです。

チーム評価

個人の実績を測る目的で構築された評価インタビューとは異なり、チーム評価は協働のあり方について考えることを目的としています。自主経営チームには、緊密なチームワークが欠かせません。ちょっとした苛立ちや意見の食い違いでも、すぐに話し合わないと、解決が難しい厄介な対立に発展していくおそれがあります。

チーム評価では、チームが機能しているかどうかを検証し、どのような改善が可能かについて合意します。左頁の図は、話し合いに役立つ「質問」の例を紹介したものです。これらの質問に答えることによって、うまく機能している自主経営チームの基準に達しているかどうかが検証できるはずです。

チーム評価に際しては、コーチに協力してもらうのがいいでしょう。コーチが話し合いの進行を務めることで、チームメンバーが内容に集中できるようになります。

チームミーティング

チームミーティングは、チーム運営プロセスの重要な部分です。メンバーが力を合わせて結果を出すべきなら、定期的に集まって話し合うことは必要不可欠です。チームミーティングは意思決定がなされる場です。また、メンバー全員が全体について責任を負うのですから、全員が出席しなければなりません。

ミーティングが大嫌いな人はたくさんいます。それはミーティングがきちんと構成されておらず、

チーム評価例

1　チームの構成は、以下のようになっているか？

　a　個人ごとの違いは、受け入れられているか？

　b　柔軟な役割分担から生まれる違いは、受け入れられているか？

　c　すべての専門タスクや組織運営タスクは、実行可能か？

2　譲歩する「意欲」はあるか？　言い換えれば、メンバーは、合意するために自分の意見を修正したり変えたりすることができるか？

3　仕事の分担について、合意はなされているか？

4　チームタスクは、全員がお互いの資質を十分に活用できるような形で配分されているか？

5　メンバーは、仕事の質について、お互いに話し合えるか？

6　チームは、お互いを支えられるような専門知識を十分に持っているか？

7　チームは、仕事に使える時間内で、顧客の要望に応えられるように調整する能力やツールを持っているか？

8　メンバーは、問題に対して解決指向のアプローチをとることができるか？

9　決定は合意《コンセンサス》でおこなわれているか？

10　チーム全体が、チームでおこなうすべてのタスクについて最終的な責任を負っているか？

11　メンバー全員が、お互いの面倒を見ているか？

12　メンバーに、お互いを助け合う意志があるか？

成果をあげていないからです。逆に、ミーティングの構成が細かく固まりすぎていて、誰も自由に発言できなかったり、あまりにも退屈だったり、数名の同僚だけの話し合いで支配されていたりするかもしれません。階層型組織でよく目にするのは、マネジャーがミーティングの最初から最後までしゃべりつづけて、マネジャーが重要だと思う議題や発表だけを取り上げる場面です。さらには、従業員がちょっとした意見を述べても小言を返したりします。そんな光景に、私たちは、なんの疑問も抱かないのです。

次の第7章では、解決指向の意思疎通法（SDMI）について説明し、第8章では、それに基づいたミーティングのモデルを詳述しますが、解決指向のミーティングは、包括的な意思決定をするのにきわめて効率がよく、自己組織化の重要な要素です。また、ミーティングのモデルは、内容によって構成が変わるのではなく、業務の役に立って使いやすい構成であるべきです。

ここでは、チームミーティングをどう構築すればいいかを見ていきましょう。

頻度

ミーティングは、どのくらいの頻度で実施すべきでしょうか？　組織によっては、4週間で2時間のミーティングを「設定」している場合もありますが、これではほとんどの場合、不十分です。階層型組織なら十分かもしれませんが、多くの意思決定において、マネジャーはメンバーたちと話し合うことはなく、一人で決めてしまいます。一方、自己組織化組織では、チームメンバー同士で相談することが必要で、全体ミーティングの時間を十分に確保しなければなりません。さもないと、多くの仕事を抱えているメンバーたちによって、日々のルーティン業務についての意思決定が左右されてしまうでしょう。その結果、チーム内に新たな階層が生まれ、図らずも、いちばん仕事をしている人が、いちばん強い発言力を持つことになるのです。

チームメンバーは、話し合いにどのくらいの時間が必要か、メンバーが割ける時間を考慮したうえで、どの程度のことができるかを自分たちで決めます。また、仕事の分野によっても、ミーティング時間は異なってきます。

議題（アジェンダ）

自主経営チームでは、議題を提案する機会はすべてのメンバーに与えられています。たとえば、話し合っている議題がすでに時間をとりすぎているとき、議題を先延ばしにするか打ち切るかを決めるのは、提案者が合意した場合のみです。

従来の組織では、従業員は、マネジャーが議題を設定することに慣れているし、経営陣の判断に従うものだという前提があります。自分の提案した議題が重要ではないとみなされてリストから外されても、文句は言いません。自主経営チームでも、この習慣が残っている場合があります。

進行役の人が従来型のマネジャーの役割を引き受けて、他のメンバーの代わりに議題を決めてしまうのです。そうすると特定のメンバーだけに発言が集中することになり、自主経営の本来の意図から外れてしまいます。

それぞれの議題は、ミーティングの中で結論を出すことになります。しかし、時間内に話しきれないほど議題が多いときは、それぞれの緊急性について話し合い、提案者が自分の議題を先延ばしにしてもかまわないと思えるだけの理由があるかどうかを判断します。ただし、出席者全員に影響がある提案（会議時間を延長するなど）は全員で決めます。このプロセスを、こうして文章にすると面倒な作業に思えるかもしれませんが、私の経験上、チームはこの作業を素早くこなせるようになるはずです。

進行役

進行役は、階層型組織では通常、マネジャーが担当しますが、自主経営チームの進行役は、どのメンバーでもこなせるチームタスクのひとつと見ることができます。したがって、進行役には特別な権限はありません。なかにはそれに不満を抱くメンバーもいて、進行役になにがしかの地位を付与し、発言力を強めようとします。たいていの場合、これは他のメンバーに受け入れられず、対立の原因となります。そうした問題を未然に防ぐためにも、進行役は定期的に持ち回りにしましょう。

原則として、チームメンバーは誰でも進行役を担うことができますが、チーム内での仕事の質を維持するため、すでに進行役を十分に経験して熟練している人や、進行役を覚えたいという人が担当するほうがいいでしょう。進行役がうまくできないと、チームにとって大きな問題を引き起こすおそれがあります。ちなみに、これはすべてのタスクについても言えることです。たとえば計画立案が下手だと、チームはかなり惨めな思いをすることになるのです。

合意《コンセンサス》による意思決定

自己組織化組織で働くことの大きな影響のひとつは、チームの意思決定に合意《コンセンサス》を必要とすることです（提案された決定事項について全員が合意する、または異論がないという意思表示をする、という意味です）。チームの結果に対する責任はチームにあり、その責任をメンバー一人ひとりが負うためには、全員に意思決定の権限がなくてはなりません。これはチームの全メンバーにあてはまるため、全員で意思決定し、合意するというのは理にかなっているのです。とはいえ、全員がすべてについて心から合意する必要はありません。現実にそこまで求めると、有効な成果を得られないまま延々と議論を続けなければならなくなります。

重要なのは、チーム内の問題についてメンバーが協働して有効な解決策を模索すること、また、異論は提案に転換できるということです。話し合いの中でよく起こるのは、異論が提案を拒否する理由になってしまい、その提案が退けられてしまう事態です。そうなると、意思決定は停滞してしまいます。異論が出たとき、メンバーに求められるのは、その意見を解決できるような案を考えることです。目指すのは、メンバー同士の意見を近づけて、全員が支持する意思決定に落とし込むことです。そうすれば楽観的な雰囲気が生まれ、チームワークを楽しめるようになっていくでしょう。

議事録、決議、チーム・ハンドブック

ミーティングでの決定事項を記録するのはもちろん、いい考えです。全員が同じ情報を見ることができるし、解釈の余地を残さないからです。ただしここでも、必要以上にやりすぎないという原則があてはまります。

多くのチームが、あまり考えることなくかなり詳しい記録を残しています。まるで芝居の台本のような議事録さえあります。

ジョン　　「……」
ジェームズ「……」
エリザベス「……」

その議事録は戸棚に納められ、誰も二度と見ることはありません。どの議事録でどのような合意がなされたかを見つけるために分厚いフォルダーに頭を突っ込むのは、あまりにも気が遠くなりそうな作業です。

チームがうまく機能するために実際に求められているのは、意思決定をわかりやすく簡潔に記すことです。単純に「誰が」「いつまでに」「何をする」を記録するだけで十分です。合意された決定ととるべき行動の両方を「決定と対策リスト」に記録すればいいのです。ミーティングを欠席したチームメンバーが、そのときの話し合いがどう展開したかを知ることが重要なら、提案や話し合われた内容について簡単に記載しておけばいいでしょう。これでかなりの時間が節約できます。

決定・合意事項は、議題ごとに別途記録しておくほうが効率的です。たとえば、勤務表の作成に関連する合意はすべて、「勤務表」という項目に並べて記載しておきます。合意が変更されたなら、古い合意は破棄して新しいほうを記入します。これをずっとやりつづけていけば（このチーム運営タスクは誰かが責任を持って担当すればいいでしょう）、いわゆるチームのハンドブックが（紙であれデジタルであれ）できあがり、そこにはチームの重要な合意事項がすべて記載されていることになります。新しいメンバーはこれを見れば、チームがどのように仕事をしているかを知り、すぐに順応できるようになります。

このように進めていくと、誰も読まない詳細な議事録作成に貴重な時間を浪費しなくてもよくなりますし、意思決定についての十分な概要は得られ、合意についてお互いに説明責任を守りやすくなります。

メールの是非

ここで、Eメールの活用法について簡単に触れておきましょう。近頃は誰もがEメールやメッセンジャーなどでコミュニケーションをとっています。それが間違っていると言いたいのではありません。アポイントをとる手間を省いたりして、時間の節約になりますし、何より安上がりです。

なかには、感情的に対立したとき、Eメールで仲直りするのが一番だと感じている人もいます。気がかりなことを伝えるのに、面と向かって言うよりは簡単に思えるからです。メールに書いて送れば、それで言いたいことは伝わるだろう、というわけです。

ですが、これは大きな間違いです。その人の苛立ちは、ほぼ間違いなく文章に現れ、文字にされた言葉は、より辛辣に、より直接的に、より感情的に伝わってしまうのです。というのも、直接、相手の顔を見て話す場合の3次元の情報（電話の場合は声の調子など）が欠落しているからです。それに、自らの心情をそのまま文章で十全に表現できる人など滅多にいません。その結果、状況がそれまで以上に悪化する場合があるのです。

苛立ちを感じたら、相手と直接話し合うほうがいいでしょう。それがうまくできそうにないなら、メールを送る前に誰か別の人に読んでもらって、自分に悪意がない（と思っている）ことがうまく伝わるかどうか確認しましょう。

逆も同じです。同僚から不愉快なメールが届いても、頭に血が上っているときに、すぐさま返信してはいけません。最低でも1日は寝かせて、それから相手に直接、話をしにいきましょう。

多分野の専門家が集まるチームで働く

専門が多岐にわたる自己組織化のチームでは、さまざまな分野の同僚たちがチームの成果に共同で責任を負っています。これは医療分野では一般的なチーム構成です。教育分野でも同じような例が見られますし（特定の生徒のグループを、さまざまな教科の教師が教えている場合など）、建設業界でも同様です（大工、レンガ職人、電気技師など、一軒の家を建てるのに集まって働く人々）。

多くの分野の人たちがどのように機能するかは、構造という観点で見れば、同じ分野の専門家が集まるチームと、それほど変わりません。

ただし、多分野チームの一員として働くのは難しい場合もあります。一部の専門家が、他のメンバーの専門分野に干渉しようとする傾向があるからです。同僚の知識や専門技術に疑問が投げかけられることさえあります。面と向かって言われようが陰口を叩かれようが、対立が生まれやすくなり、職場の雰囲気や成果が台無しになることもあります。それを避けるには、メンバーがお互いの分野を尊重し、それぞれの専門技術を最大限に活用することです。

多分野チームの権限

多分野チームでは、特定のメンバーが、担当している業務ゆえに、他のメンバーより発言力が強くなる場合があります。たとえば医療チームでは、患者の治療については医師が最終責任を負います。そうすると原則として、この医師は、意思決定において拒否権を持つか、患者の治療法について独立した決定を下せることになります。ところが、治療法を決める話し合いに他のメンバーが参加するといった、サポートの仕組みがあるほうがうまくいきます。その際、医師が他のメンバーから出た治療法の提案を受け入れて、いくらか譲歩する必要もあるかもしれません。そうすれば、他のメンバーも、自分たちの出した提案をうまく実行しようという意欲が高まることでしょう。

限界を尊重する

自主経営の短所は、メンバーに対して過剰な負荷をかけることだという話をよく耳にします。自主経営に移行したら仕事がかなり増えたという、メンバーからの声もあります。たしかに、そうした傾向はないとは言いませんが、私たちは、それを自主経営の短所とは考えていません。うまくいっている自主経営チームでは、責任は共同で負うものとされています。ときには、病気による欠勤が（一時的に）増えたり、仕事が（これも一時的に）少し増えたりすることもあります。その場合でも、メンバーはそれほど苦労せずに、仕事のペースを少し速めることができます。まさに、責任を感じるからです。とはいえ、通常よりちょっとだけ無理を強いられる期間が長引くと、仕事の重圧が大きくなりすぎて、ワークライフバランスが崩れてしまいます。

業務の配分量については、十分に相談して決める必要があります。その際、従業員一人ひとりの能力を尊重することが重要です。とはいえ、この原則は、つねに順守されているわけではりません。たとえば、余分な仕事は引き受けたくないと毎回言う同僚に苛立ち、圧力をかける人もいます。そうなると、余分な仕事によって生じた過剰負荷に加えて、精神的なストレスも生まれかねません。

こうした過剰負荷を防ぐためには、仕事に関するお互いの許容範囲を認識することです。その結果、仕事をこなせるだけの十分な能力がチームにないことが判明したら、コーチまたはマネジャーがチームを支援して、他の選択肢を探す必要があります。また、コーチとマネジャーが従業員の限界を尊重することも重要です。それを無視すると、過重な負荷による職場放棄が生じることが目に見えているからです。そんなことは、誰の得にもなりません。

チーム代表を集めるときの注意

現実には、複数のチームで話し合われる議題は、その多くが連携を必要とするものです。たとえば広報の方針、安全、研修、カリキュラムの策定といったようなものです。顧客や有識者、自治体との明瞭なコミュニケーションを実現するために、この連携は欠かせません。

あるチームメンバーが自らのさらなる成長のため、特定の分野について研鑽を積み、その分野で他のチームを支援したいという熱意を示すこともあるでしょう。たとえば、他のチームとの合同研修を実施したい、というようなことです。

それはすばらしい取り組みではありますが、問題も含んでいます。先の例では、各チームからの代表者が集まって、定期的に話し合いが持たれ、意思決定がなされます。ところが、このこと自体が、自主経営の意図を無視する根本的な問題だと言えるでしょう。なぜなら、その代表者がチームの代わりに意思決定することになり、新たな階層を生み出してしまうからです。自主経営組織の意図は、「意思決定の権限は、事実上、チーム内にある」というものです。そのため、組織全体のフレームワークの中で、それぞれのチームが意思決定を下さなければなりません。

ふだんから密接に関わって協働しているチーム同士なら当然、お互いに相談するのは有益でしょう。とはいえ、これも必要に応じてのみ、おこなうべきです。つまり、定期的に実施すれば「制度」になってしまうからです。また、話し合いに出席するメンバーに、決定権を委任すべきではありません。そうすると「他のメンバーの代わりに意思決定する」という危険性が高まるからです。

欠席裁判をしない

メンバーが病気になり、長期間、仕事から離れる場合があるかもしれません。そのとき、チーム内の連携がもっと楽にとれるようになり、メンバー同士がそれについて話すこともあるでしょう。

「ジェニーがミーティングにおよぼしていた影響が、今になってみるとわかるね」
「自分たちで勤務表を作成するほうが、ずっとうまくいくね」
「リチャードがいないと、本当に平和だな」

やがて、そうした話の真意について、コーチも含めて、チーム全員で話し合うことになるかもしれません。そして気がつけば、不在の同僚が復帰したときに、その人に従ってもらいたい、ありとあらゆる条件をリストアップしてしまうのです。あるいは、同僚が復帰したときに、「あなたが別のチームに移ったほうがいいというのが、みんなの意見だ」とコーチから言われたりするかもしれません。

こうした例では、メンバーたちの行動はチームに対する責任を果たしていません。なぜなら、同僚が病気になる前から、その人がチームの機能に影響を与えていると気づいていたのに、それについて本人と話し合おうという努力を誰もしなかったからです。もちろん、同僚が病気で不在になるまで、その影響が表面化しなかったのかもしれません。いずれにしても、メンバーたちは、まずは病欠していた同僚が、チームの一員として復帰できるように準備すべきです。また、本人の厄介な行動については、復帰したあとで話し合うべきでしょう。

そうすれば、本人は自分の行動を改める機会を手にし、仲間と力を合わせてチームワークの改善に取り組むことができるのです。

最後に、この章のまとめとして「成功する自主経営の要素」の図を次の頁に掲載したので、参考にしてください。

成功する自主経営の要素

以下の基準がきちんと満たされているなら、自主経営チームが適切に機能していると言えるだろう。

- チームが、経営陣と合意した明確なフレームワークの中で、仕事を遂行している。
- チームが、合意されたフレームワークの中で、自ら意思決定する権限を持っている。
- 自主経営チームは均等にバランスのとれたチームで、そこに属する人々は「譲歩」する心構えができている。
- 仕事の分担について、合意がなされている。
- チームは、定期的に効果の高い話し合いの場を設けている。そこでは、解決指向のアプローチが用いられ、決定は合意《コンセンサス》によっておこなわれる。
- プロフェッショナルとしての個人の責任に加えて、メンバーは組織運営のタスクとチームの成果について共同で責任を負う。
- メンバーは互いに良好な関係を築き、チームの一員であることに満足している。
- チームは、優れた成果をあげている。
- メンバーの仕事の質が基準に満たない場合、チームの中で本人に対してその件を伝えることができ、本人は改善に向けて具体的な努力ができる。
- チームは、必要に応じてコーチから良いサポートを得られている。

コラム 6

組織のDNAを育む

――嘉村賢州

本書では、自主経営を運用していくに連れて、さまざまな合意事項が決まっていき、独自の文化が生まれると述べています。この第6章では、合意事項を「チーム・ハンドブック」にまとめておくことで、新人が入ってきても、すぐに独自の組織のルールや文化になじめる仕組みを実現できると論じています。

昨今増えてきている自己組織化組織では、このようなチーム・ハンドブックに類するものをつくっている組織が非常に多くあります。組織文化や合意事項のような、いわば「組織のＤＮＡ」を明文化して継承することは、自己組織化組織をつくるうえで、重要要件のひとつではないかと感じています。

組織のＤＮＡを規定する事例でよく取り上げられるのが、ホラクラシーワンが提供している「ホラクラシー憲法」です。ホラクラシーは、自己組織化組織をつくる際、高い再現性を実現できる方法論のひとつとして、世界中に普及しつつあります。ただし、導入する際には全メンバーが「ホラクラシー憲法」に合意することが求められています。

憲法などというと、堅いイメージを抱くかもしれませんが、より適切な表現で言い換えれば、自己組織化組織における新しい働き方やコミュニケーション方法を定めた「ゲームのルールブック」というほうが実態に近いと思います。

たとえばサッカーでは、「ボールを手で触ってはいけない」や「オフサイド」などのルールがあることで、創造的なプレーが展開されるようになります。同じように、日々の意思決定や対立時の解決方法など、最低限のルールを明文化しておくことで、今までの常識とは異なる新しい組織の捉え方《パラダイム》が可能になり、仕事をよりスムーズに進められるようになります。

実際にホラクラシーを導入したザッポス（靴の販売メーカー）のCEOトニー・シェイは、こう語っています。

都市も自己組織化組織のいい例です。人間の組織のなかでも、都市には時の試練に耐える力がある。会社よりも古くから存在しているし、傷ついても立ち直るレジリエンスや適応力も備えている。そして、会社のように階層的でもありません。

時の試練に耐えてきただけでなく、都市は、生産性やイノベーションを起こす組織という意味でも、はるかに優れているという証拠がいくつもあります。都市の規模が2倍になると、住民一人あたりのイノベーションや生産性が15％増加するという、とても興味深い統計があります。

これが会社となると真逆になるのです。規模が大きくなるほど、ほとんどの組織は官僚的になり、社員一人あたりのイノベーション力は低下していくのです。

都市の首長は、住民に対してあれをしろとか、ここに住めといった指示をすることはありません。都市が住民に提供すべきなのは、水道、電気、下水処理といったインフラです。さらに、基本的な法律や条例を定めるのです。

そして都市の成長やイノベーションは、ほとんどが住民や企業などの組織が「自己組織化」した結果として生まれるものなんです。(1)

この発言は、「全員が守るべき基本的な法律を明文化することで、一人ひとりが、より自由になれる」ことを示唆しています。つまり、人を自由にするために、ルールを明文化する必要があると言っているのです。

確かにそれがないと、組織内に俗人的な暗黙知が形成されたり、場合によっては政治と忖度がはびこったりして、自由な働き方が実現できなくなるかもしれません。

ホラクラシー憲法は、どの組織も共通のものを使っていますが、なかには独自のガイドブックをつくっている自己組織化組織の事例も多く見受けられます。

たとえば、世界的なゲームメーカーのバルブ・コーポレーションは、「新入社員のためのハンドブック」を作成しました。遊び心あふれるそのハンドブックは最初の版が60ページを超えるもので、会社の哲学や変遷、仕事のつくり方、ミスをしたときの対処法など、かなり詳細に記述されています。特に強調されているのが「上下関係の階層構造がない」ことです。

階層構造は、予測や再現性を維持するためにはとても役立つものです。計画も単純化できるし、大規模な組織をトップダウンでコントロールしやすいからです。だから軍隊は階層構造に頼っているのでしょう。

でも、人々を楽しませようとするゲームメーカーの会社で、「机に座って言われたことをしろ」なんて命令したら、それこそ人材の価値

(1) 以下のインタビューから筆者が抜粋し、訳出。https://www.mckinsey.com/business-functions/organization/our-insights/safe-enough-to-try-an-interview-with-zappos-ceo-tony-hsieh?cid=other-eml-alt-mkq-mck-oth-1712

を99％無駄にするようなものです。イノベーターこそが必要なんですから。だから私たちは、イノベーターが花開くような環境を保とうとしています。

これが、バルブがフラットたる理由。ひとことで言えば、「管理職はいない。だから誰にも〈報告〉する必要がない」のです。社長や創立者はいますが、あなたの上司ではありません。バルブは、あなたたち社員のもの。自分たちで機会をつかみ、リスクを避けるよう運営してください。新しいプロジェクトを始める権限も、商品を世に出す権限もあるのですから。(2)

別の事例を挙げましょう。

RHDは、米国の4000人規模の非営利組織で、精神疾患や各種依存症からの回復、ホームレスの支援といった多様なサービスを展開しています。独自の枠組みとして、「従業員と消費者の権利と責任憲章」を明文化しています。

たとえば、組織内で受け入れられない5つの敵対的な表現を次のように定義しています。(3)

①恥ずべきスピーチと行動
②陰口
③見捨てるという恐怖を与える
④他の人の現実を無視する
⑤脅迫や怒りの爆発

このように具体的に定義することで、誰にとっても安心・安全である職場を実現しようとしています。

以上見てきたように、自己組織化組織は、行動の規範・ルール、組織における哲学、つくり

(2) 以下の資料から筆者が抜粋・訳出。https://steamcdn-a.akamaihd.net/apps/valve/Valve_NewEmployeeHandbook.pdf

(3)『ティール組織』（英治出版）より引用。

たい文化などを明文化しているケースが多くあります。その作成と浸透は、少人数のトップがおこなっているわけではありません。

組織のすべてのメンバーが関われるような機会を設けたり、本書のチーム・ハンドブックのように、日々の業務と話し合いを通じて進化・更新していったり、さまざまな工夫をこらしています。そうしたプロセスを大切にすることで、魂のこもった、メンバー一人ひとりが活用できる「組織のＤＮＡ」が育まれていくのです。

第7章

解決指向のコミュニケーション

人を平等に扱いたかったら、
人によって違う対応をしなければならない。

——アストリッド・フェルメール、
ベン・ウェンティング

メンバー同士は、どのようにコミュニケーションをとっているか？　そこに注意を払えば、組織内の自主経営《セルフ・マネジメント》を支えるのに役立ちます。人を責めたり、ミスを指摘したり、権力に基づく意思決定がなされたりするのは論外です。理想的には、平等が保たれ、責任感が育まれ、問題が解決されるといった点を重視するコミュニケーションがとられていることです。その仕組みは、組織の誰もがすぐに使えるような完成度を持ち、同時に複雑な問題の解決にも応用できるような幅広い選択肢を提供してくれるものが望ましいでしょう。

それらの特徴を備えた手法が、「解決指向の意思疎通法（ＳＤＭＩ）*」です。もちろん、特定の手法に詳しいからといって、成功が保証されるわけではありません。そもそも、どんな手法であれ、利用者と相性が合ってはじめて真価を発揮するものですから。さまざまな議論やコミュニケーションの手法がありますが、実際に使う人はほとんどいません。いたとしても、やり方をまちがえているので、その手法に役立たずの烙印を押してしまうのです。よく言われるように「誰もが何をすべきかの知識はある。ただ、やろうとしないだけ」なのです。

この章では、ＳＤＭＩの概要を説明し、その実践方法を紹介しましょう。

問題指向と解決指向を区別する

「解決指向の手法」であるＳＤＭＩは、現状を出発点として、未来の解決策を検討するものです。別のアプローチとして「問題指向の手法」があります。この手法は、まず問題を精査し、その原因を探し、その情報に基づいて解決策を講ずるものです。問題指向の手法では「責任を負うべき人」を探し、これ以上欲しくないものや避けたいものを特定します。一方、解決指向の手法で

* SDMI: Solution Driven Method of Interaction

は、主に欲しいものを探します。状況を改善するには何をすればいいのか、その実現には誰あるいは何が必要なのかを問うのです。つまり、ＳＤＭＩは楽観的で中立的な手法であり、自己組織化が目指す方向とぴったり合っているのです。

　自主経営組織では、チームメンバーとマネジャーに求められているのは、チーム内や「現場」で起こっている事象に効果的に対応できるようになることです。そのためには、決める力や未来志向の考え方が必要です。決める力と言われると、「徹底してやり抜く力」「効率」「スピード」「外向性」などを連想するかもしれませんが、ここで言っているのは「意思決定の能力」です。場合によっては、スピードも決断力も欠けているように見えるかもしれませんが、たとえ時間がかかっても、これからどのように改善していくかをしっかり錬ることが重要です。ともあれ、ＳＤＭＩは「問題の詳細な説明を考える」のではなく、「結論にいたる」ことを目指す活動なのです。具体的には、次のようなプロセスをたどります。

「解決策を考えるよう促す」
「問題を分析する」
「今後明確にすべき、あるいは避けるべき要因は何かを特定する」

ＳＤＭＩには、「未来の解決策を熟慮するために、これまでのデータや問題の詳細な説明を吟味する必要はあまりない」という前提があります。それに、私たちは本能的に、不快な状況をできるだけ早く解決して、みんながまた快適に過ごせるようにしたいと思うものです。問題に対する解決策を（急いで）見つけ、必然の変化に適応することは、人類をここまで進化させてきた要素のひとつだと言えるでしょう。まずはゴールを設定し、次にどうすればそこに到達できるかを考え、最善の行動を決定するほうが、解決策はより早く、より効率的に見つけられるはずです。

問題指向の手法が過去の分析を重視するのに対して、ＳＤＭＩは、現在と未来の状況を分析し、それに基づいてアクション・プランを立てます。ただし、解決策への道筋がすぐに見つからない場合には、過去の分析が有効な場合もあります。

ＳＤＭＩの原則

ＳＤＭＩは、人間が持っている性質に対する独特の考え方に立脚しています。その考え方にはさまざまな「前提」があるので、詳しく見ていきましょう。

意識的な選択と責任感

まず、次のような前提があります。

「私たちには〈意識的な選択〉をおこなう能力があり、したがって自らの行動に対して〈責任を負うことができる〉」

もちろん、すべての選択が、つねに意識的におこなわれているとは限りません。私たちは、たいてい感覚で選択をおこなっています。なぜそれを選択したのか、その理由を正確に知っているわけではありませんが、そのほうがいいと「感じる」から選んでいる場合もあるでしょう。その「感覚」について、じっくりと時間をかけて掘り下げていけば、選択の理由もはっきりと見えてくるはずです。意識的な選択をすればするほど、予想外の出来事や予期せぬ結果に悩まされることも少なくなります。私たちの誰もが、そんなふうになりたいと願っているのです。

自主経営組織の柱のひとつは、組織のメンバー（つまり、実際に業務を担う人々とマネジャーたち）が責任をとることです。

とはいえ、人々は責任を持つことはできるのですが、だからといって必ずしも責任を持ちたがるとは限りません。責任を負わされるのは、できれば避けたいと思う人もいるでしょう。責任には結果に対する説明責任も求められるので、進んで引き受けたいとは思わないからです。しかし責任には、説明責任がつきものなのです。

それを理解したうえで人に責任を持たせたかったら、選択する機会が（それに伴って権限も）与えられなければなりません。権限がなければ、選択について責任を負うことはできません。つまり、自主経営（チームが結果に責任を持つ）組織は、十分な意思決定の権限がないかぎり、実現不可能だということです。言い換えれば、仕事をうまく進めるために必要な意思決定をおこなう機会がチームにないなら、自主経営など論外でしょう。

敬意

「敬意」も、ＳＤＭＩの土台となる前提のひとつです。ただしこれは、人を呼ぶときに「さん」付けするとか、「失礼ながら……」といった常套句のあとに相手を糾弾するとかではありません。

ここで言う「敬意」とは、「一人ひとりの違いを心から受け入れる」という意味です。周知のように、人にはさまざまな違いがあります。行動力のある人、考えるのが得意な人、新しい取り組みを始める人、そのフォロワーとなる人、外見や宗教のちがい……。生まれや育ち、性格や能力に応じて、誰もが仕事に対して意義ある貢献ができるはずだと私たちは考えています。この考え方に立って初めて、同僚を受け入れ、対等な立場で協働することが可能になるのです。その同僚がチームメンバーであれ、マネジャーであれ、間接部門であれ、この原則は変わりません。

だからといって、全員が平等だというわけでもありません。当然のことながら個人差や役割の違いはあるのです。組織での立場、性格、教育や訓練によって違いが生まれ、人によって仕事の向き不向きが変わってきます。ですが、それは誰かが別の誰かよりも高い立場、あるいは低い立場に「ふさわしい」ということではありません。自己組織化組織で働くうえで、これは根幹となる考え方です。誰もがお互いに敬意を持って接することができれば、何かを指摘されたとしてもそれは批判とはみなされませんし、この組織では自分の考えを自由に発言してもいいのだと感じられるようになるのです。

エネルギーの方向性

３つ目の前提は、「**不快だと感じる状況に直面したとき、人は行動を起こす**」というものです。できるだけ早く不快な状況から抜け出したいと思うと、人はどうしてそうなったかを考えるより、自動的にその問題を解決する方法を考えようとします。私たちは、未来に向かって動いていくものです。だからこそ、ＳＤＭＩは問題指向ではなく解決指向の手法なのです。

とはいえ、誰もが前向きな解決策を見つけようとしますが、その方法は本人には快適かもしれませんが、同僚には必ずしも建設的には見えないかもしれません。たとえば、自分のミスを外的要因のせいにしてしまう人がいます。こういう人は、自分を大切にするあまり、「問題から積極的に目を背ける」方向で「エネルギー」を発揮しようとします。

一方で、ある人が問題を抱えていて解決策を見つけたいと思っているのに、別の人はその問題を経験したことがない場合はどうでしょうか。これはとても難しい状況です。当事者でなければ、困っている同僚が一人で問題を抱えていればいいと思うかもしれません。そうなると、問題解決のためにあまりエネルギーを費やしたがらない可能性があります。その場合、問題の当事者は、まずは他者の助けが本当に必要かどうかを検討すべきかもしれません。

SDMIを実践する5つのポイント

これまでに述べてきた原則は、ここで紹介する5つのポイントを押さえれば、しっかりと実践に落とし込めるでしょう。どんな状況でも、問題解決の重要な要素を洗い出すのに役立ちます。また、それらの要素は互いに影響しあっています。5つのポイントは、状況を把握するための気づきや方法を提供し、熟慮に熟慮を重ねた意思決定ができるように手助けしてくれるでしょう。自主経営チームのメンバーは（そしてときにはマネジャーも）、意思決定と責任を負う能力を十分に身につける必要があります（人によってその難易度は異なりますが）。

5つのポイントは、次のとおりです。

目標………何を達成したいのか？

立場………何に対して責任を負っているのか？　自分で意思決定できること・できないことは何か？　自分にはどんなスキルがあるか？

進め方……どうやって目標を達成するのか？

コミュニケーションの手法…………敬意を持ち、明確かつ直接的な方法でコミュニケーションをとるにはどうするか？

時間………目標を達成するまでにどのくらいの時間があるか？　期限はあるか？　どのくらいの時間が必要か？


では、各ポイントを詳しく見ていきましょう。

目標

ＳＤＭＩの実践において、問題が生じたときにまず自問すべきは、「何を達成したいのか？」です。

このポイントは、ＳＤＭＩが解決指向であることと密接につながっています。目標がなければ、方向が定まりません。別の言い方をすると、目標がなければ、思いついたものを手当たりしだいにこなすだけです。これでは、たいした結果は望めないでしょう。目標を明確に設定すれば、提案された行動が目標に沿ったものかどうかをきちんと判断できます。

よく目にするのが、次のような悲観的《ネガティブ》に設定された目標です。

A　これ以上、顧客が競合他社に乗り換えないようにしたい

B　従業員が事務作業に費やす時間を減らしたい

これは「欲しくないもの」に意識を集中させているので、解決策も「悲観的」なものになりがちです。Aの目標であれば、顧客が競合他社に乗り換える理由を話し合い、どうすればそれを防げるか議論することになります。「競合他社のほうが価格を低く設定しているかもしれないから、こっちも価格も引き下げよう」といった具合です。

それに対して、SDMIでは楽観的《ポジティブ》な目標、つまり「達成したいこと」を表明するので、楽観的な解決策に思考を集中させるようになります。Aの例では、「既存の顧客のエンゲージメントを高めたい」といった目標を設定するので、別の解決策が生まれるでしょう。たとえば、組織の得意分野を打ち出すようなマーケティング戦略を思いついたり、従業員に顧客との接し方を変えるよう促したりするかもしれません。

同様に、Ｂの目標を楽観的に設定すれば、「従業員は、もっと顧客に対応する時間を増やすべきだ」となるでしょう。

「手段」が「目標」と入れ替わってしまうこともよく起こります。たとえば「新しいコーヒーメーカーを調達したい」という目標です。新しい機械の調達は、いいコーヒーを手に入れるための手段です。したがって、「いいコーヒーを出したい」というのが達成したい目標となるので、解決策は、新しい機械の調達とは異なる方法が出てくるかもしれません。

立場

目標の設定にともない、「目標達成の責任者は誰か」や「目標を実現する能力を持っているのは誰か」を知ることも重要です。「顧客のエンゲージメントを高める」の例では、現場の社員とマーケティングの専門家が最適な人材かもしれません。

先ほどの目標Ｂについて考えてみましょう。「顧客に対応する時間を増やすべき（そして事務作業に費やす時間を減らすべき）」医療従事者がいたら、「どうして事務作業にそんなに時間がかかるのか」と本人に聞いて原因を探るのも良い考えかもしれません。それから事務スタッフに相談し、医療スタッフの事務作業負担を減らすためにどのような貢献ができるかを探っていくといいでしょう。

進め方

何が達成されるべきか、誰が関わるのかが明確になったら、次に、その目標を達成するための手段を話し合うことになります。先ほどの例で考えてみましょう。

「従業員はもっと顧客に対応する時間を増やすべきだ」

これを達成できる方法をいくつ思いつくでしょうか？

「事務作業の負担を減らす」のもひとつの方法ですが、顧客対応スタッフを増やすという選択肢もあります。あるいは、報告プロセスを効率化すれば、顧客対応スタッフが記入する書類を減らせるかもしれません。

コミュニケーションの勘所

誰かとやりとりをする際は、明確に、直接的に、かつ敬意を持ってコミュニケーションをとることが重要です。そして、相手も同じように接するべきです。自分が「何を」「なぜ」求めているのかがよくわかっているほど、明確に伝えやすくなります。明確にすればするほど、相手も対応しやすくなり、お互いに満足できる合意に到達しやすくなります。相手が何を求めているのかをはっきり伝えてくれなければ、こちらも選択するのが難しくなります。ですから、相手にも明確に言ってくれるよう頼むのは大事なことなのです。

明確かつ直接的なコミュニケーション手法によって、仕事上の関係性は対等で敬意のあるものになり、したがって楽しいものにもなるでしょう。これは、ささいなやりとりにもあてはまります。同僚があなたのところにやってきて、「明後日、休んでもいいかな？」と言ったとします。その日は重要なチームミーティングの予定があることを、相手もあなたも知っています。しかも、ミーティングをその日に設定するのはかなり大変だったのです。そこであなたが、同僚に対して次のような表現で伝えたとしましょう。

「もしあのミーティングよりも休みをとるほうが大事だって言うなら、それは君が決めることだし、君の責任だから」

そうすると、同僚はあなたの言葉の行間を読んで、あなたが不満なのかどうかを推測することになります。実際あなたは、「相手が罪悪感を抱いて、ミーティングに出るよう考え直してくれればいいんだが」と思っているかもしれません。

一方、明確で直接的、かつ相手と対等な立場に立つなら、次のように伝えることもできます。

「それはあまりいい考えだとは思わないな。ミーティングをこの日に設定するのに、ものすごく苦労したんだよ。君の意見はいつも尊重しているから、君が欠席すると、その貴重な意見が聞けなくなってしまう。別の日に休みをずらすことはできないかな？」

このように、自分がどう感じているかを明確に伝え、ミーティングに出席してもらいたい理由を伝えましょう。そうすれば、同僚は自分が操作されているという否定的《ネガティブ》な感情ではなく、実際に起こっている現実に基づいて判断できます。

時間

ＳＤＭＩを実践する場合、「時間」は熟慮すべき重要な要素です。組織における「時間」は有限なので、自在に扱うことは難しいものです。物事には期限がつきものですし、一定の時間内に問題を解決しなければ、組織に悪い影響をおよぼすでしょう。

時間の制約があるということは、問題が必ずしも理想的な方法で解決できるとは限らないということです。人員が欠けた穴を埋めたいとき、できれば「高等専門学校卒」「10年以上の実務経験がある」「週36時間働ける」「来週から勤務開始できる」という条件を満たす人に来てもらいたいと思うかもしれません。ですが、この条件にあてはまる人が見つからず、これ以上探している時間がなければ、目標か作業方法のいずれかを修正して、どうにか前進しなければなりません。実務経験は少なくても高等専門学校の卒業資格があれば十分かもしれませんし、中級の職業訓練と豊富な実務経験でも十分かもしれません。

したがって、「時間」という要素は、他の要素の解釈にかなり大きな影響をおよぼすのです。

5つのポイントを検討する決まった順番はない

5つのポイントを検討していくうえで、決まった順番はありません。もちろん、達成すべき目標をまず検討するほうが望ましいですが、話し合いが進むなかで、あるいはアクション・プランを策定するなかで、どの段階でどのポイントを検討すべきかを考えてもいいでしょう。

あるミーティングでは、

「今後は、同じ品質のものを安く提供してくれるX社から商品を購入する」（目標）

という合意がなされたとしても、

「現在の取引会社への断りの連絡を誰が入れるか」（立場）

「それをいつやるか」（時間）

についてはまだ合意にいたっていない、というのはよくあることです。

つねに新しい「今」と向き合う

ときには、あとで振り返ってみると「あのときの行動や合意では、望むような結果が得られなかった」「その後の状況には適さなくなってしまった」ということもあるでしょう。その場合でも、当初の合意事項に沿って進めたくなるかもしれません。「突然意見を変えるのは節操がない」とか「地に足がついていない」とか「気まぐれだ」などと言われたくないからです。状況を読み誤ったことを認めるのは簡単ではありませんし、同僚に頭を下げて修正を頼むのは嫌なものです。なので、最初に決めたとおりに進みつづけて、事態が好転するのを祈るのみ、となってしまうのです。

ですが、最初の意思決定は、その当時に入手できた最大限の知識と能力に基づいて下されたものです。その意思決定が望む結果を得られないと予測できていたなら、言うまでもなく、違う選択をしていたでしょう。それは責められることではありません。

SDMIは、「すべての瞬間が新しい〈今〉である。そのため、新しく入手した洞察に基づいて新しい選択をしてもいい」という前提に立っています。過去に拘泥することなく、いつでも現状に効果的に対応できるようにしておくべきです。

ＳＤＭＩは現場でどう実践されているか

ＳＤＭＩが現場でどのように機能するかを目にすると、もっと明確に理解できるようになるでしょう。私たちのＹｏｕＴｕｂｅチャンネル*に、数多くの実例を紹介していますので、ぜひご参照ください。

では、ＳＤＭＩの「５つのポイント」を現場で実践する際の具体例を４つ紹介しましょう。

１　チームメンバー同士の話し合い
２　チームとトレーナーの話し合い
３　チームとマネジャーの話し合い
４　チームとコーチの話し合い

* https://www.youtube.com/channel/UC7Pnv-qfb6CQeTLIeqN83Ng
（オランダ語もしくは英語）

時間

ウォルターは、備品が不足する状況を再び目にしたくないので、その点で「時間」というポイントについてサラに要求を伝えます。そこから、備品の在庫をつねに確保できるように時間軸を考えるのは、サラの仕事です。

話し合いの例

ウォルター……サラ、これからは事務用品の在庫がちゃんと確保できるようにしてくれるかい？　僕はしょっちゅうからっぽの棚を見つめる羽目になって、本当にいらいらするんだ。これは君が担当のタスクなんだから、ちゃんと面倒を見てもらえるかな？

サラ…………そうね、たしかにこの状況は間違ってるね。あなたには前にもこの話をされたし、この件について文句を言ってるのも耳にしてたけど、私はあまりオフィスにいないから、在庫状況に目を光らせておけないのよ。

ウォルター……じゃ、その状況を改善するには、どうすればいい？（進め方）

サラ…………わからない。今以上の頻度で出社することはできないから。場合によっては、オフィスの近くにすらいないこともあるし……。

ウォルター……このタスクを君が担当しているのは、現実的だと思う？（立場）

サラ…………正直言うと、そうは思わない。もっと頻繁にオフィスにいる人が面倒をみてくれるほうがいいんだけど。

ウォルター……すると、君の提案は？

サラ…………次のミーティングのときに、私がこのタスクを担当するのが厳しいから、今後は誰か別の人に担当してほしいと提案してみる。

ウォルター……相談にのってくれて、ありがとう。

CASE―1　チームメンバー同士の話し合い

サラは、特定の地域における「事務用品の調達」というチーム運営タスクの責任者です。しかし、サラの勤務時間は限られているので、毎日職場に来ているわけではありません。また、社外での打ち合わせも頻繁にあります。そのため、事務用品が定期的に補充されず、ウォルターの仕事が滞る事態になりました。

ウォルターは、この件についてサラと話すことになりました。まずは、何をどう伝えるべきかを思案しているときに、5つのポイントに注目しました。

目標

ウォルターが実際に達成したい目標はどんなことでしょうか？

それは「事務用品の在庫がつねに十分あるようにしておきたい」です。

一見、彼が望んでいるのは「サラには事務用品の在庫を切らさないように発注してほしい」と考えがちですが、そうではありません。そのように表現すると、「サラ（立場）」と「事務用品が、いつ発注されるか（時間）」に関する問題になってしまいます。

そうではなく、「事務用品を仕事に使う」というウォルターの立場から、彼の要望を伝えるべきです。

立場

サラはこのタスクの責任者なので、彼女がそのタスクをしっかりやれるかどうかについて、ウォルターはサラと話す必要があります。

進め方

ウォルターは、自分の目標がどのように達成されるかを自ら考える必要はありません。タスクを実行するのはサラであって、事務用品の在庫を維持する方法を決めるのは、彼女の仕事だからです。

コミュニケーションの手法

ウォルターは、サラにこの課題を明確に伝えます。

話を聞いていると、何を変えるべきかは、あなたはもう正確にわかっているように思えますが。（目標）

メンバー……おっしゃるとおりです。でも、そのことについて話し合うことができなくて、いつも口論で終わってしまうんです。

トレーナー…では、講座を受ければ、それが変えられると思いますか？（目標）

メンバー……何が間違っているかは、わかると思います。

トレーナー…でも、何が間違っているかは、もうわかっているんじゃないですか？（目標）

メンバー……はい、わかっています。ただ、そのことについて話し合うことができていない。

トレーナー…では、まずはそのことについて話し合ってみましょうか。そのほうが、講座を受講しても、実際に顔を突き合わせて話し合わないよりは、問題解決に近づくかもしれませんよ。（進め方）

メンバー……いや、それで解決するかどうかは、わかりません。でも、話し合いの手助けをしてくれませんか？

トレーナー…それは多分、チームコーチに頼むべきことでしょうね。（立場）

メンバー……わかりました。チームと話し合って、それからチームコーチに頼んでみます。

この例で明らかなように、チームメンバーは、明確な「目的」がない場合でも「これが解決策ではないだろうか」と考えてしまいがちです。

トレーナーは、チームメンバーの目標がはっきりしないうちは質問をしつづけ、明確になるように手助けします。その場合、5つのポイントに関しては、目標以外のポイントの優先度は下がります。目標が明確になれば、他のポイントを探っていけばいいでしょう。

CASE――2　チームとトレーナーの話し合い

チームがトレーナーに、コミュニケーション技術の講座を提供してほしいと依頼しました。最近、チームワークが若干滞っているのを危惧したからです。

この依頼を受けて、トレーナーは３日間の有用なプログラムを設計することもできます。しかし、５つのポイントを活用して「まず、チームが何をしたいのか」を掘り下げてみることもできます。たとえば、以下のような話し合いが効果的です。

話し合いの例

トレーナー…コミュニケーション技術の講座を受けて、達成したいのはどんなことですか?」（目標）

メンバー……チームの中で、物事がもっと円滑に進むようになることです。

トレーナー…チーム内で改善が必要なのは、どんな点ですか?（目標）

メンバー……しじゅう足を引っ張りあうのをやめたいと思っています。強みを活かしあうことが、できていません。

トレーナー…では、強みを活かしあうには、どんなことを学べばいいのでしょうか?（目標）

メンバー……そうですね……まずは、ありのままの自分を尊重する方法を学んで、1人ひとりが持っている資質を互いに評価できるようになるべきだと思います。

（トレーナーは、こう考えます。「これでは、彼らがなぜコミュニケーション技術の講座を受けたいのかが、正確にはわからない」。そこで、質問を続けます）

トレーナー…では、みなさんが、もっとうまくやれるようになるためには、どんな内容の研修をすればいいのでしょうか?

マネジャー……そうでしょうね。それでも、多少の改善はできないでしょうか。一筋の希望の光が見えるようにするのに、どんな助けがあればいいですか？（進め方）

チーム……もしかすると、私たちがまだ思いついていないアイデアを持っている人が他にいるかもしれません。あるいは、私たちの合意を変えるような意思決定を下せる人が。もし、夕方のシフトに臨時のスタッフをもっと入れられたら、ものすごく助かります。ポーリーンは腰を痛めてケアの仕事はできませんが、事務作業でのサポートは可能かもしれません。それだけでもかなりの時間を節約できるので、そのぶん患者さんに時間が割けるでしょう。

マネジャー……私の考えとしては、臨時のスタッフを入れることは問題ないし（立場）、ポーリーンに手伝ってもらうのもいい考えだと思います。あと、この件についてはコーチと話を続けて、他に選択肢があるかどうか見てもらうのはどうでしょう。もし人事のスタッフが必要なら、彼らにも関わってもらうといいでしょう。仕事の質を改善する計画について、提案を聞けるのはいつになりますか？（進め方と時間）

チーム……この件については、すぐに対処が必要です。来週ではどうですか？

マネジャー……すばらしい。それ以外に、私にできることがあれば、知らせてください。

マネジャーは、解決策を実行する責任をチームに持たせたままですが、フレームワークを示しながら、チームがどのように進めていけばいいかを伝えています。

CASE――3　チームとマネジャーの話し合い

ケア部門のマネジャーは、あるチームについて過去6カ月間の苦情の数が平均よりも高かったことに気づき、チームにそのことについて話し合ってもらいたいと思っています。

ここでもまた、マネジャーは事前に、話し合いの中で具体的に何を達成したいかを考えることになります。自分にどんな権限があるのか、チームにどんな権限があるのか、そして進め方と時間について、すでにアイデアがあるかどうかを考えておきます。

話し合いの例

マネジャー……知ってのとおり、このチームに対してかなりの苦情を受けていて、それはいいことではないですよね。苦情が減ってほしいんですが、どう考えていますか？（目標）

チーム…………そうですね、私たちも当然それはよくないと思っています。苦情の数を減らせるよう、できるかぎりのことはすべてやっています。問題は、病気で休んでいるメンバーが何人かいて、すべての患者のケアをするためには、最も重要度の高いことだけをやって、すぐに次の患者のケアに移らなければならないことなんです。

マネジャー……確かに、苦情のほとんどは、チームがばたばたしてることに関するものですが、他にも、通常よりもミスが多いという報告も上がっています。つまり、期待されているような質を提供できていないことです。求められている質を提供しながらミスが出ないようにするために、何かアイデアはありますか？（目標と進め方）

チーム…………いえ、実際のところ、ありません。病気で休んでいるメンバーがまだ復帰していないし、臨時の職員を雇うことも許されていないし、他の部署もみんな忙しいし……それに、忙しいからといって患者を追い出すわけにもいきませんからね。この問題については本当に、打つ手なしの状態です。

CASE—4 チームとコーチの話し合い

チームがコーチに、ミーティングについての話し合いに参加してほしいと頼みます。チームメンバーは、議論が長引きすぎていると感じています。

話し合いの例

コーチ……ミーティングを改善するのに、私に何かできることがありますか？（立場）

チーム……私たちの話し合いは長くかかりすぎていて、いつまで経っても結論が出ません。やり方がどう間違っているのか、さっぱりわからないんです。

コーチ……それなら、ミーティングが具体的にどんなふうに進行しているのか、見せてもらったほうがよさそうですね。そうすれば何かアドバイスができて、ミーティングが改善できるかもしれません。（進め方が目標と一致しているかについて、コーチは自らの役割に基づいてアドバイスをします）

チーム……それはいいアイデアですね。ちょうど、重要な議題があるんです。

コーチ……では、みなさんがその議題について話し合っているあいだ、僕から見て何を変えたらいいと思うか、言わせてもらいましょう。すぐに始めたらどうでしょうか。

チーム……やってみましょう！

コラム 7

グリーン組織の罠を越えて——嘉村賢州

一筋縄ではいかない組織の移行

本書で紹介されているような自己組織化組織は、現在、まだそれほど多くはないものの、世の中の新たな潮流として確実に増えてきている組織の形態です。

自己組織化組織になることで、その構成メンバーの仕事への意欲は高まり、組織としてのイノベーションも増え、その存在目的に対する推進力は増していくわけですが、従来の組織から自己組織化組織への移行は一筋縄ではいかないものです。

グリーン組織からの移行

自己組織化組織を初めから立ち上げる場合は別として、多くの組織は、従来組織からの移行が必要となってきます。ティール組織の文脈で言うと、移行の順序は通常、次のようになります。

「オレンジ組織」
↓
「グリーン組織」
↓
「ティール組織」

なかには、オレンジ組織から一気にティール組織に移行する場合もありますが、グリーン組織を一度経ることで、より自然にティール組織へ移行できるようになります。そこには、次のようなメリットがあります。

①組織の人間関係がよくなる
②組織内に文化が生まれる
③目的に対するコミットメントが高まる

オレンジ組織は「機械」のメタファーで喩えられるように、その構成要員としての人をスキルで評価し、また上層部に権限が集中することで、現場の人たちの考える力を奪い、成長を阻むことになります。

多くの権限を現場に委譲することで人々の成長を促し、また組織内での対話文化を醸成することでその組織の存在目的に対してさまざまな意見が交わされ、存在目的へのコミットメントも高まってきます。組織全体が家族や仲間として切磋琢磨して、その存在目的の達成へと進んでいくようになるのです。

グリーンの罠？

このグリーンの段階を経ることが、ティール組織に近づくうえでは大きなステップになります。しかし同時に、こうした試みがさらなる発展を阻む場合も出てきます。これを私は「グリーンの罠」と呼んでいます。グリーンの罠に嵌《はま》った組織は、次のような様相を呈しているかもしれません。

①ひたすら会議する

オレンジ組織によく見られる階層別や部署単位の会議とは別に、全社合宿やタスクフォースといったさまざまな会議が増えていきます。多様な価値観を重視しようとして、さまざまなアジェンダに対して意見を聞こうとするために、会議が無限に増えていくのです。

②行動の後押しを求める（意思決定が遅くなる）

オレンジ組織では、良い意味でも悪い意味でも意思決定は早く進みます。そのグループや組織の長が決定権を持っているため、時に意見が割れても、意思決定を進めることが可能です。

一方、グリーン組織では、関係性が良好なゆえに、多様な意見を尊重しすぎたり、合意形成を最優先したりして、物事がなかなか決まらない傾向にあります。同時に、担当者が何かを決めたい場合でも、多様な意見を気にしすぎて行動に移しづらく、上司や会議の決定という後押しを求めてしまうのです。

③課題解決が難航する

グリーン組織では、組織の課題を現場から抽出して解決しようとする傾向がよく見られます。その際、合宿や全社会議で課題を解決しようとします。ところが、ひとつの課題ごとに多様な価値観が出てきて収拾がつかなくなります。結局、何も決まらないか、さまざまなメンバーのニーズがつぎはぎされた洗練されていない解決策におわってしまうことも多々あります。

④熱量の低い様々なプロジェクトにあふれる

つぎはぎだらけの解決策でも、全員の総意であることは間違いありません。とはいえ、その解決策を積極的に推進しようという熱意を持った人が現れるのでしょうか。まず、出てこないでしょう。その結果、タスクの押し付けや、永遠にとりかかることのない変革アイデアがリストアップされたたまま放置されている場面が多々あります。

グリーン組織では、オレンジ組織よりも一人ひとりが「全体（みんな）」を意識するようになります。それ自体は組織にとって意義あることですが、この「全体（みんな）」が実は厄介なものとなり、自己組織化を阻む原因にもなるのです。

グリーンの罠を乗り越えるには

ティール組織では、これまで主流だった「階層構造によって物事を決める（承認プロセス）」や「合意によって決める（コンセンサス）」などの意思決定プロセスがあまり使われません。

その代わりに「適切なプロセスを踏み、一人ひとりが自由に意思決定できる」という「助言プロセス」がよく活用されています（〈コラム8〉を参照）。

本書では、チームの合意《コンセンサス》という方法で、従来のグリーンの罠を乗り越えようとしています。

一方、ティール組織の解説書では、合意《コンセンサス》を時間のかかるネガティブなものとして論じていますが、本書では、かなり民主的に、かつ構成的に構築することで、その弊害を打破しているように思われます。

また、ホラクラシーの手法についても、「統合的な意思決定手法」と呼ばれるものを提案しています。これは、新しいことを提案する人の足を引っ張らない会議の手法です。

読者の皆さんには、グリーンの罠に嵌まらない独自の新しい方法で、自己組織化組織の実現を目指していただければと願っています。

第8章

解決指向のミーティング

1ドル持っている男に会った。
お互いのドルを交換した。それぞれ、まだ1ドルを持っている。
今度は、アイデアを持っている男に会った。
お互いのアイデアを交換した。
すると、それぞれアイデアが2つに増えた。

――*The Optimism Revolution*

自主経営《セルフ・マネジメント》組織において、チームミーティングはきわめて大切な時間です。メンバーが集まって仕事とその進め方について議論をするので、建設的かつ楽しい場にしたいものです。とはいえ、ミーティングについては、こんな不満をよく耳にします。

「長ったらしい」
「秩序がなさすぎる」
「いつも同じ人ばかりが発言する」
「誰も自分の話を聞いてくれない」
「どうせ〈あの人たち〉が自分たちのやりたいことを決めるだけだ」

ミーティングは、「誰が正しいか」や「誰が決定権を持っているか」という話になりがちです。そうなると権力争いになってしまいます。

この章では、ＳＤＭＩのモデルがミーティングの円滑な進行にどう貢献できるかを説明していきます。章末に掲載している〈ＳＤＭＩミーティングモデル〉をご活用ください。

「他に何かありますか？」

「他に何かありますか？」は定番項目で、一般的にはミーティングの終盤に登場します。そこで発言する人は、直近の問題について質問しますが、質問も答えも短く済ませる必要があります。しかし、時間内に簡潔な答えで収拾することはまずありません。他のメンバーからも意見が噴出して、最初は単純な質問から始まったのに、深刻な議論に発展していきます。こうした議題はたいてい緊急案件なので、その場で答えを出さなければなりません。その結果、ミーティングが長引き、参加者の苛立ちが募ります。次の予定があるメンバーは中座せざるをえないので、その後になされる合意には参加できなくなります。

こうした問題は、意外と簡単に解決できます。ミーティングの始めに「他に何かありますか？」と聞くのです。誰かが質問をし、短い答えで十分なら、それで解決です。議論に発展するようなら、暫定の議題として追加すればいいのです。

議題ごとの時間を設定する

一般的には、議題ごとに費やす時間を設定することはまずありません。そのため参加者は、話したいだけ話してしまいます。それがかなり長引けば、すべての議題を話し合えなくなるでしょう。これは、議題ごとの時間を設定することで簡単に解決できます。議題を提案する人が、議論に要する時間を推定して表明するのです。

その時間の合計がミーティングの時間を超える場合は、対策を検討します。たとえば次のような対策です。

「次のミーティングに先送りできるのは、どの議題か?」
「時間を削ることができるのは、どの議題か?」
「ミーティング全体の時間をもう少し延長すれば、すべての議題を話し合うことは可能か?」

その議題を先送りにするか、時間を削るかを決定するのは、議題の提案者です。その人がミーティング時間を延長したいと言うなら、メンバー全員が同意しなければなりません。SDMIのモデルでは、ミーティングの時間がどう使われるかを決めるのは、進行役の役割ではないのです。

「進め方」と「議題」の意思決定を区別する

SDMIのモデルの特徴のひとつは、「進め方」と「議題」の意思決定を区別していることです。「議題」についての意思決定は、業務内容について決めることです。なので、議題ごとに割り当てた時間の最後に、意思決定をします。

一方、「進め方」の意思決定は、ミーティング中のどのタイミングでおこなってもかまいません。ミーティングの進め方を調節するために、メンバー全員が下すものです。進め方の意思決定は、議題のように記録されるわけではありませんが、進行役またはメンバーが進め方の提案をしたら、すぐに投票にかけます。たとえば、議題に割り当てられた時間が過ぎてもまだ結論が出ない場合、議題の提案者はこう宣言します。

「この議題については、あと10分使うことを提案します。そうすれば結論が出ますから」

すると進行役は、「賛成の人は？」と投げかけます。合意《コンセンサス》が得られたら（つまり誰も反対しなければ）、その議題にもう10分費やします。誰かが反対すれば、最初に決めた時間配分に従って、ミーティングは次の議題に移ります。

一般的なミーティングでは、進め方の意思決定を下すのは進行役です。その場合、進行役が進行方法について大きな発言権を持つことになり、他の出席者の影響力が弱まります。そうなると出席者が消極的になってしまうかもしれません。

ミーティングの進め方に関して、すべての出席者に同等の影響力を持たせるためには、進め方の意思決定は総合的に（合意《コンセンサス》で）下すことをお勧めします。


進め方についての提案は、最初に合意した時間軸の修正に関わるものなので、すぐさま投票がおこなわれます。提案に対して合意《コンセンサス》が得られなければ、ミーティングは最初に決めた議題のとおりに進行します。

議題の取り扱い

前の章では、目標設定の重要性について述べました。

「どこにたどり着きたいのか？」

「何を達成したいのか？」

「何を解決しなければならないのか？」

同じことが、議題の扱いにもあてはまります。議題の項目は、漠然とした表現になりがちです。たとえば「予算」「管理部門との連携」「休暇の計画」「研修」「勤務表」「新商品」などです。

このように漠然とした表現だと、メンバーは課題の内容をそれぞれ勝手に想像し、それを基にして話し合いがおこなわれてしまいます。ですが、それぞれのイメージが、必ずしも提案者が思い描いているものに合っているとは限りません。そうすると議論は思わぬ方向に展開するかもしれず、時間が来ても問題が未解決のまま残されて、議題の提案者が何も成果を得られない可能性があります。議論に出てきた他の問題は解決するかもしれませんが、議題を提案した人の本来の目標は達成できません。

進行役にとっても、これは難しい状況です。いつ介入すればいいいか、わからないからです。今おこなわれている発言は、本来の議題に関連しているのか、それとも脱線しているのか？

こうした場合、議題を質問や提案で置き換えると、その後の話し合いの明確な方向性を示すことができます。たとえば、次のように置き換えます。

「予算」……………………「予算は、いつ固められるのでしょうか？」
「管理部門との連携」…「金曜の午後は、管理部門は午後４時まで常駐することを提案します」
「休暇の計画」…………「５月の最初の週に、休みをとってもいいでしょうか？」
「研修」……………………「来年の研修日程は、どのように決めましょうか？」
「勤務表」…………………「10人のチームメンバー中３人がインフルエンザで欠勤しているので、勤務表をどう調整しましょうか？」

たとえば、「来年の研修日程は、どのように決めましょうか？」という議題に対して、メアリーが次のような質問をしたときは、どうすればいいでしょうか。

「今受講している講座のインターンシップは、いつに予定すればいいですか？」

こういった質問が出ると、一般的にはすぐにそれを議論してしまいがちです。しかし、ＳＤＭＩ

のモデルでは、このような、本来の議題と関係ない質問は個別に扱われます。「来年の研修日程は、どのように決めましょうか?」という本来の議題を話し終わってから、別の項目としてメアリーの質問を議論するので、議題が混乱することはありません。こうすれば、出席者は全員、ひとつの議題に意識を集中させることができるし、進行役は、誰かが脱線していればすぐに気づくことができます。

質問や提案のつくり方以外にも、出席者は、議題についてどのくらいの発言権があるかを知っておく必要があります。原則として、組織のフレームワークはチームに意思決定権があるのか、あるいは別の誰かにあるのかを示します。チームがその権限を持っているなら、チーム全員で意思決定をすればいいでしょう。決定権がマネジャーにあるなら、チームは意見を述べることはできますが、決定するのはマネジャーとなります。チームが自分たちに意思決定権があると信じて議論を進めてきたのなら、あとになってその権限を取り上げられるのは非常に腹立たしいものです。

その延長で、議題について話し合う目的を明文化しておくのもいいでしょう。たとえば、メンバーが自分の仕事について、何を改善すべきか質問するとします。議題は、「攻撃的なクライアントに、どう対応すればいいでしょうか?」です。これを全員で話し合う目的は、「同僚からアドバイスを得られるようにするため」となります。

また、単に「情報共有」を目的とした議題もあります。ピーターがシンポジウムに参加して、その内容を同僚に報告するような場合です。もちろん同僚たちが質問することは可能ですが、提案や意思決定をおこなう必要はありません。

議題の提案者がすべき作業は、次の３つです。

「質問や提案の作成」

「理由（なぜ、その項目を取り上げるのか）の説明」

「その議題の決定権を持つ人の説明」

これらについて、他のメンバーから同意を得る必要はありません。

質問形式の議題に対して、回答は何通りもあるでしょう。進行役は、どんな回答があるかを尋ね、議論を促し、提案があればどんな影響があるかを問いかけます。話し合いで出てきた提案事項は記録します。提案事項が洗い出されたら、それぞれを比較して、詳細に話し合う時間をとります。そうすれば、議論を深める余地が生まれます。提案の一つひとつに対して賛成・反対の意見を出し、すべての意見が出たら、最後に、どの提案を採用するか投票をおこないます。

ＳＤＭＩモデルでは、議論は自動的に意思決定へと発展するわけではありません。自分たちは結論を出す用意ができたかどうか、参加者同士で決定します。その基準は、こうなります。

「すべての提案が記録され、すべてを慎重に検討できたか？」

こうした方法を実践すれば、安心して議論を進めることができます。また、「考えるのがゆっくりな（しかし、とても真剣な場合が多い）参加者」の意見も考慮することができるでしょう。

まとめではなく質問を

一般的なミーティング研修では、「ミーティングの最後には、進行役が話し合いをまとめて結論を述べるようにしましょう」と指導します。ですが、議論をまとめることには、次のように、いくつもの短所があります。

■時間がかかる――すでに言ったことを、また繰り返すことになるため。
■流れが止まる――まとめをするあいだに、新しいことは何も起こらないため。
■出席者が消極的になる――出席者が自分でまとめを考えなくてもいいため。
■いくつかの提案が「消滅」する――対立する意見同士を同時に織り込むのが不可能なため。そうなると、進行役に（意図のあるなしにかかわらず）議論を大幅に方向転換させる権限を持たせることになります。
■話し合われたことすべてを正確に反映できないため、参加者の中に異論を持つ人が出る――

まとめが発表されたあとで、そのまとめに対する「反論」が始まり、本来の議題の重要性が押しやられてしまうため。

こうした理由から、ＳＤＭＩのモデルでは、進行役（と参加者）が解決指向の質問をするように求めています。これによって参加者の参加度合いが増し、進行役が議論の方向を変えるリスクが減るのです。

進行役が発する質問については、この章の最後に掲載した〈ＳＤＭＩミーティングモデル〉をご覧ください。話し合いの中で、議題をより深く掘り下げるために、ぜひ活用してください。

なお、解決策の提案は記録するようにしましょう。できれば、ホワイトボードなどに書くといいでしょう。ホワイトボードなら全員が提案を見ることができるので、進行役が話し合いをまとめる必要がなくなります。

提案ベースの意思決定

新しい提案がなく、議論が尽くされたら、すべての提案をひとつずつ投票で決めていきます。チームメンバーは全員が複数の提案に票を投じることができるので、譲歩する余地もあるという意味ではより柔軟になれます。このほうが、合意《コンセンサス》は得やすいのです。
提案に反対の人がいるかどうかを尋ねる必要はありません。全員が賛成した提案だけが採用されるからです。他の提案は自動的に却下されます。重要なのは「チーム全体が支持する提案が採用される」という点です。

一人だけがあまり賛成できていない場合もあります。そのときは、ほんの少し時間を割いて、その人の主な反対理由を検討すれば、チームとしてその反対意見を取り除けるような意見が出せるかもしれません。そのメンバーのためだけに、提案に例外を設けるのも一案です。同僚の固有の状況を考慮するこの対処方法もまた、合意《コンセンサス》と言えます。たとえば、「勤務時間は午前7時に開始とする」で合意したいとします。ですが、チームメンバーにシングルマザーがいて、その時間に子どもを預けられる場所がありません。その場合、「彼女のシフトだけは8時開始にする」と決定すればいいのです。その場合もやはり、全員がその例外を認めなければなりません。

提案がどれも採用されない

ここまでは、提案が最低ひとつは採用されるという前提で話をしてきました。ですが、全員が賛成する提案がひとつもないという場合もあります。そのときは、どうすればいいのでしょう？答えは簡単です。新しい提案に合意《コンセンサス》が得られないなら、現状を維持するだけです。つまり、仮に全員が満足しているわけではなくとも、以前の合意がそのまま継続するということです。

また、特定の議題について、まだ何の合意もなされていないなら、状況は変わらないままです。違うのは、「各自の判断で行動する」という点です。たとえば、教育に携わるチームが、次のような議題を検討するとします。「失読症の生徒を、テストのときにどう支援すればよいか？」

過去には、この点について、これといった合意はなされていませんでした。ミーティングの際にどの提案も採用されなかったのなら、教師はそれぞれが今までどおり、自分なりのやり方で生徒を支援しつづけます。

とはいえ、全員が合意に達することが不可欠な議題もあります。たとえば、「組織のビジョンに沿って行動する」「品質基準に従って働く」などについて合意する場合です。

意思決定と欠席者

自主経営チームのメンバーは概して高いモチベーションを持っているため、ミーティングの欠席率は低いはずです。それでも、病気や休暇で不在になることがあります。意思決定は合意《コンセンサス》でなされるため、全員の意見が反映されることが重要です。つまり、欠席者が意思決定に参加できるような形で合意すればいいのです。それができないと、決定事項に関して欠席者があとから反対意見を述べ、別のときにまた議論を蒸し返すリスクが生まれます。

欠席者を、どうすれば意思決定に参加させられるのか？　ひとつの方法は、事前に意見を出してもらうことです。提案がその意見に合致するなら、ミーティング時に決定を下すことができます。ミーティングで投票にかけられた提案がまったく違う内容のものなら、決定は次のミーティングに先送りします。欠席者は次のミーティングで投票に参加するのです。

もうひとつの方法は、欠席者がミーティングのあと、議事録を見て票を投じられるようにするものです。議事録には、提案とそれについての議論が記録されています。

あるいは、「全員が出席しているときしか意思決定はなされない」という合意をしておくことも可能です。誰かが欠席したら、意思決定は次のミーティングまで先送りされます（これは大人数のチームではうまくいかないでしょう。いつも誰かしら欠席しているからです）。

欠席者が、誰かに代理で投票を頼むこともできます。その際は、おおむね自分と似たような意見を持つ人に頼めばいいでしょう。

もちろん、他にも方法はいくらでもあります。どの方法を選ぶにしても、全員が意思決定に参加する機会を与えられることが前提です。

難しいミーティングの状況

ミーティングの際、特定の参加者が、対応に困る振る舞いをする状況は必ず起こります。たとえば、自分の意見をしつこく繰り返したり、こだわりを持ち込んだり、他の出席者を押しのけて話すような人がいる場合です。

このような人がいると、他のメンバーは苛立ちが募り、それが表に出ることによって、トラブルメーカー本人も自分が元凶であることに気づくこともあるでしょう。そうなると、関係者全員が不愉快な気分になってしまいます。

ＳＤＭＩミーティングモデルは、このような難しい状況を簡単に鎮められるようにしてくれます。その手法のいくつかを紹介しましょう。

同じ話の繰り返し

理由はわかりませんが、自分の意見を繰り返し述べる人がいます。そのことで、かなりの時間が浪費され、他の人は退屈になるばかりです。我慢の限界に達した人は、怒りのこもった口調で

「繰り返し屋」にこう告げるでしょう。

「ピーター、最初の5回は黙って聞いてたけどね……」

この場合、提案をホワイトボードに書き出して誰からも見えるようにすれば、繰り返しの傾向は劇的に減らせます。繰り返し屋自身も、自分の提案がもう書き出されていることを確認できるからです。それでも繰り返すようなら、「ここに出ているもの以外に提案はありますか？」や「他の提案や議論はありますか？」と言えば、繰り返し屋を止めるのに非常に効果的です。

脱線

なかには連想が非常に得意で、思い浮かんだことを議論に持ち出す人もいます。たとえば、夏期休暇の計画について話し合っているのに、突然、「最小限のスタッフしかいない夏場に、新しい仕事が発生したらどうしますか」などと質問してくるのです。その問題はいま議論すべきだと感じたメンバーは、さらに深く掘り下げようとするかもしれません。そうすると、議論はいつのまにか「夏期休暇の計画」ではなく、「病気などでスタッフが少ないときに新しい仕事を引き受けるべきかどうか」にすり替わってしまいます。これは明らかに脱線です。

そこで議論を本筋に戻すには、「脱線屋」に次のような質問をすればいいでしょう。

「それが今の議題とどう関連しているのか、説明してもらえますか？」

脱線屋は関係ないと認めざるをえず、メンバーは元の議題に戻ることができます。

自分のこだわりを持ち込む

議題がなんであれ、そこに自分のこだわり（たとえば、「全員に均等な機会を」など）を持ち込むことに長けた人もいます。研修の方針であれ、新規採用であれ、チーム内での組織運営タスクの配分であれ、そこに「みんなが均等に教育を受ける（あるいは応募できる、タスクを担う）機会を与えられることが重要だよね」といった発言をしてきます。

ここでもやはり、内容に応じた具体的な質問をすることによって、主題から離れないようにしつつ、メンバーが敬意を持って対応していると感じられるようにすることができます。たとえば、均等な機会を主張するメンバーの発言について直接は触れずに、こう質問してみましょう。

「研修予算の配分について提案はありますか？」

そうすれば、均等な機会の妥当性についての議論に展開していくのを防ぐことができ、やさしく本題に戻せます。

無秩序

相手の話を聞かずに自分ばかり話そうとするメンバーが何人もいると、無秩序が生まれます。

すると、進行役はたいてい、こう呼びかけます。「みなさん、集中してください」。でも、これは非常に漠然とした発言で、誰もそれが自分に向けた言葉だとは感じません。

この場合は、最も議論の邪魔をしている人を名指しで指摘し、本人の注意を引きつけたあとで、提案について尋ねるだけにしたほうが効果的です。

つまり、進行役は場を乱す行動に対して、（通常よくあるように）秩序を求めても、状況を解決できるわけではありません。進行役が苛立ちを見せたり、場を乱す行動について議論したりしても、ほとんどの場合、口論で終わってしまいます。進行役は自分の苛立ちを、次のように表現するかもしれません。

「君は自分の意見を繰り返してばかりで、いらいらするよ。これでは話が先に進まないじゃないか」

「みんなが相手の話を聞かずに自分ばかり話そうとするとどうなるか、これでわかったでしょうか？」

「自分の理念について話すのをもう少し抑えたらどうですか？　回りのみんながいらいらしているのが、わかりませんか？」

このような発言を聞くと、指摘されたメンバーは個人攻撃をされているように感じ、ミーティング中に態度を改めようという気にはなりにくいものです。

私たちの意見としては、その態度についてはあまり問題にしないで、代わりに現実的な質問をするほうをお勧めします。そうすれば、無秩序の原因となっているメンバーでも、ミーティングで前向きな貢献を果たすことができるからです。

ＳＤＭＩミーティングモデルについての解説

次頁以降に、〈ＳＤＭＩミーティングモデル〉の全体像をまとめた図を掲載しました。左頁には「ミーティングモデルの内容」を掲載し、右頁には、その内容を理解しやすくするために「詳細説明」を加えましたので、実践する際の参考にしてください。

詳細説明

これらは定型の進行項目です。つまり「他に何かあれば」は、ミーティングの冒頭で必ず問われるということです。
通常、ミーティングに先立って暫定的な議題が設定されます。議題を提出する際、提出者は予測時間も申告します。

項目2a）に移ったとき、暫定議題に項目1c）で出てきた議題が追加されています。仮の議題一覧が完成したら、合意されたミーティング時間ですべての議題が話し合えるかどうかを確認します。時間が足りそうなら、項目3）へ進みます。足りなければ、項目2b）へ進みます。

ミーティングでは、議題を提案した人が、自分の議題を先送りしたり、時間を削ったりしてもいいかどうかを決めます。
ミーティング時間を延長するのは、全員の同意が得られた場合のみです。

議題が固まったら、ひとつずつ対処していきます。
議題を紹介した人が、その議題に関して、質問3）～ 5）に答えます。

SDMIミーティングモデル

固定の議題

1a）前回のミーティングの議事録についての話し合い
（文書のみも可）

1b）議題の共有

1c）他に何かあれば

明確な議題を決定する

2a）議題への追加項目は何か？
それにどのくらいの時間が必要か？

ミーティング時間に対して議題が多すぎる場合

2b）以下について提案があるか？

- 自分の議題を先送りしてもいい人がいるか？
- 自分の議題に割り当てられた時間を削ってもいい人がいるか？
- ミーティング時間を延長するか？

議題への取り組み方

議題の各項目について、3）～10）に従う

議題の紹介

3）　どの質問や提案について話し合いたいか？

4）　どうしてこの提案や質問をしているのか？

5）　情報を共有したいのか、受け取りたいのか、アドバイスをしたいのか、意思決定をしたいのか？
（ミーティング／出席者は、どのような権限を持っているのか？）

次頁へつづく

項目6）では、進行役と参加者が議論を構成し、深く話し合うために活用できる質問を列挙しています。話し合いの際に出た提案は記録されます。提案リストは、話題にのぼったすべての提案について作成されます。

項目7）では、参加者全員に投票に移ってよいかを確認します。全員が合意すれば、提案についての投票に進みます。異論があれば、あとで決断するためにどうすればいいかを議論します。提案が生み出しうる影響のすべてをまだ検証できないかもしれないし、情報を集めるのにもっと時間が必要かもしれません。

ここで、投票をおこないます。ある議題について出たすべての提案は投票にかけられ、チームメンバー全員が複数の提案に対して票を投じることができます。このほうが、合意《コンセンサス》が得やすいからです。
チームメンバーが、どちらでもいいという場合、あるいは特定のアイデアに別に反対ではないという場合、最善の選択肢はその提案に賛成しておくことです。もちろん、最終的には、全員が妥当だと思える結論に達することが目標です。

項目9）では、議題の最終決定がおこなわれます。誰が何を、いつまでに対処するかについての合意がなされます。

項目10）では、進行役は次の議題を紹介します。

議論

6）提案がある人はいるか？
　その提案について、どのような主張があるか？
　他の人は、その提案や主張についてどう思うか？
　提案のメリットとデメリットは？
　どのような結果が予測できるか？
他の提案はあるか？
　その提案について、どのような主張があるか？
　その主張について、どう思うか？
　自分の立ち位置に対して、その主張はどのような意味があるか？
話し合いに基づいて、意見を変えたいと思うか？
他の影響は考えられるか？
他の新しい提案はあるか？
他の新しい主張はあるか？

7）投票に移ってよいか？

意思決定

8）Xさんの提案に賛成の人は？
（提案した出席者の名前を出す）
Yさんの提案に賛成の人は？
等々。

最終決定

9）誰が何を、いつまでに最終決定するのか？
10）議題の次の項目に進む［項目3）へ戻る］

コラム 8

ティール組織における意思決定プロセス――吉原史郎

助言プロセス

本書で「解決指向の意思疎通法（SDMI）」を説明する際に、「合意《コンセンサス》をとる」という表現が頻出しますが、一般的に考えられているような「全員が賛成」という意味ではありません。「利害関係を調整したうえで、反対がなく、仕事を進めるための決め事」と私は捉えています。だとすると、『ティール組織』で意思決定の方法として紹介されている「助言プロセス」に近いと考えられます。

助言プロセスの原則は、以下のようなものです。

- 組織内の誰もが、どのような意思決定でもおこなうことができる。
- ただし、意思決定の前に、関係するすべての関係者と、その問題の専門家に助言を求めなければいけない。
- 意思決定に際して、すべての助言を組み込む必要はないが、その助言内容を真剣に検討しないといけない。

組織によっては、給与の決定にも助言プロセスを活用して、同僚間の話し合いに基づき、最終的には自らが給与を定めるということも実施されています。

非常に大きな意思決定の事例として挙げられているのが、エネルギー事業を展開するグローバル企業であるAESのエピソードです。入社間もない財務アナリストが、パキスタンへの事業拡大計画を立てました。CEOや多くの関係者からは、「AESにとって未知のエリアだから難しい」という助言や、「入社間もないので、事業拡大の前にまずは目の前の現場を知ってほしい」という助言がありました。しかし最終的にそのメンバーは、「パキスタンへの多額の投資をおこなう」と意思決定したのです。結果的に、二年半後にはパキスタン事業は軌道に乗り、AESにとってのビジネス拡大の一助となったのです。

このエピソードの背景にあるのが、メンバー（従業員）をどう捉えているかという「人間観」です。AESの当時の経営者は、メンバーを「創造的で思慮深く、信頼に足る大人で、重要な意思決定を下す能力を持っている」と捉えていました。つまり、本書でもコラムでもたびたび述べてきましたが、助言プロセスは人への信頼が前提となって成り立っているのです。そして、組織内に信頼の文化が生まれるかどうかは、経営者がメンバーを信頼するところから生まれてくることを、このエピソードは教えてくれます。

助言プロセスとSDMIとのつながり

SDMIにも、助言プロセスと同様に、メンバー同士の信頼が根底に流れています。本書の第7章では、SDMIには人間の性質に対する3つの原則となる考え方があるとしています。

- 意識的な選択と責任感——人には「意識的な選択」をおこなう能力があり、したがって自らの行動に「責任を負う」。
- 敬意——敬意とは、一人ひとりの違いを心から受け入れるという意味である。

● エネルギーの方向性――不快だと感じる状況に直面したとき、人は行動を起こす。

また、SDMIには「目標・立場・進め方・コミュニケーションの方法・時間」といった具体的な5つのポイントがありますが、これらを助言プロセスに活用すれば、実務的により広く深く密な助言を与えあうことができるでしょう。

助言プロセスでの意思決定に慣れていないメンバーにとっては、SDMIのような具体的な手順が伴うツールを使うことで、自主経営に求められる能力を高めていくことができるのではないかと思います。

第9章

対立に対処する

平和とは対立の不在ではなく、
平和的な手段で対立に対処できる能力のことだ。

――ロナルド・レーガン

自主経営《セルフ・マネジメント》チームで意見の食い違いや対立に対処するには、自主経営ならではの方法が必要です。厄介な状況が起こっても、そこに介入して問題を解決できる上司がいないからです。チームメンバーは、ミーティングのすべてに責任を持っており、どんな内容であっても意見の食い違いは自分たちで解消する必要があります。みんなで力を合わせて、場合によってはコーチの助けも借りながら、物事を解決しなければならないのです。

意見の食い違いがあっても、それ自体が問題になったり、対立につながったりするわけではありません。お互いの考え方が違うことは当然ありますから、違いを認識したうえで、現実的な解決策を話し合うために集まればいいのです。違う見方があったほうが、より良い決断につながることもあります。

難しいのは、チームメンバーが自分の意見にしがみついて妥協しない場合です。文化的な背景や教育や性格の違いから、必ずしもお互いに理解しあえないこともあり、ときにはそれが解決困難な意見の相違を生んでしまうのです。

そうすると、同僚に対する陰口や無視や小さな派閥が生じて、どんどん感情的になっていきます。

こうした状況を、ルールや研修を使って回避しようとする組織もあります。研修はたしかに、自分自身の態度を意識させる手助けにはなりますが、時間が経てばまた昔のやり方に戻ってしまいがちです。

自主経営組織であっても、対立から逃れることはできません。この章では、チームメンバーやコーチやマネジャーが、対立に対処できるように、ＳＤＭＩに基づいたアプローチを実践することを提案します。対立が避けられないなら、対処の仕方を知っておくべきです。

対立とは？

対立には、意見の食い違いが関係します。ですが、対立が問題になるのは、対立する両者のあいだで、なにかしら共通点があるからです。それがなければ、ただ肩をすくめてその場を去ればいいだけです。一般的に、組織に属することの共通点が何かといえば、同じチームで働いているまさにその事実と、仕事を進めるうえでお互いに頼らなければならないことです。

意見の食い違い自体は、定義上、対立の原因にはなりません。問題解決に向けて異なるアプローチをとる機会を与えてくれるものでもあり、それが仕事の質を改善することもあります。ただし、その前提として、一人ひとりが他者の意見を尊重する心構えができている必要があります。そうすれば、「対立」という言葉を持ち出すことはまずないでしょう。

ですが、チームメンバーに妥協を受け入れる準備ができていない場合、対立に発展する可能性があります。そうなると、感情が高ぶります。自主経営チームにおける対立の状況は、いくつもの特徴で認識できます。意思決定のプロセスがぎくしゃくしてくるのも、そのひとつです。合意《コンセンサス》を得るのが困難あるいは不可能になり、議論は混沌として感情的になり、チームメンバーは「お互いの足を引っ張ろう」とします。影響力の強いメンバーが合意をとろうとすると、他のメンバーは、単に「波風を立てないため」に、その決定事項に票を投じるのです。

このように、対立が多いチームは非常にストレスが多く、チームメンバーにとっては不健全な環境と言えるでしょう。また、仕事の質にもマイナスの影響を与えやすくなります。

SDMIは対立に対処するツール

対立とその対処法については、数多くの本が書かれています。よく目にするのは、「どのような対立を解決したいのか」を把握しようという提案です。つまり、「目標」の対立なのか、「物の不足」に関する対立なのか、「人間関係」や「感情面」の対立なのか、「権力闘争」なのかを区別することがひとつの方程式とされています。

対立マネジメントについて学ぶ研修では、忌避、強制、譲歩、妥協、問題解決の違いを定義して、受講者が対立を解決する手がかりを示そうとします。

このように対立の種類や形を区別するのが難しいのは、ひとつの区分にあてはまる対立など存在しないからです。現実では、たいがいの物事は一言でくくれないものです。

こうした理由から、SDMI（第7章参照）においても、対立の種類を区別しようとはせず、対立の形式についても説明しません。代わりに、対立への確実な対処方法を提供することを狙いとしています。

チーム内の対立

自主経営チームにおける対立は、メンバーにとってきわめて難儀なものです。かなりのエネルギーを奪われ、怒りや悲しみといった不快な感情を引き起こします。また、チームの雰囲気だけでなく、なんといっても仕事に悪影響をおよぼします。加えて、チーム内の対立が難儀なのは、同僚に対して「行動を起こす」権限を持つマネジャーがいないからです。

従来型組織では（マネジャーが実際にそうしているかは別として）、そこにマネジャーがいるというだけで、チームは上司に対して、あるいは上司について愚痴をこぼす機会が得られ、それが連帯感をもたらしているのです。

自主経営チームは責任を共有しているので、物事がうまく運ばなくなれば、そのことについて話し合わなければなりません。問題が解決されなければ、対立が続きます。そうするとグループ内で陰口や愚痴が飛び交い、対立がエスカレートしかねません。この状況に強いストレスを感じたメンバーは、病気になったり会社を休んだり、転職を考えたりするかもしれません。

このため、自主経営チームで働く人たちが、建設的に対立に対処する方法を身につけておくことは、きわめて重要になるのです。

方法論を述べる前に、まずは「意見の食い違いを対立へと悪化させるのは、どのような状況なのか」を考えてみましょう。いくつか例を挙げます。

■妥協せず、他人の意見を受け入れる準備ができていない人がいる。

■あるメンバーが一人ないし複数の同僚にいじめられている。たとえば、不人気な時間帯の勤務ばかり押しつけられたり、情報をわざと遅く伝えられて仕事に支障が出たり、絶対に出られないとわかっている日時に予定を入れられたり、メールに返事がもらえなかったりしている。

■メンバーの能力不足を指摘する。

「君にはこれはできないから、呼ばなかったよ」

「その仕事はピーターに任せておきなさいよ、あなたには向いてないと思う」

「問題は、君がそれを勉強する意味があるかってことだよね。その勉強にはそれなりの能力が必要とされるし……」

「それは私がやりますよ、あなたでは無理だから」

■一人がチームを仕切る。その人が他のメンバーに相談せず意思決定をしてしまう。

「クライアントがたまたま電話してきたから、２カ月以内では時間がないと答えておいたよ」

■仕事を抱え込む人がいる。そして他の人に仕事を引き継ぐ時期には、こう言って抵抗する。

「私はずっとこの仕事をやってきたから、他の人にやらせても、慣れるまですごく時間がかかっちゃいますよ」

こうした状況は、チームの業績に大きな影響力をおよぼす仕事を担っている人によく起こる。

■同僚の能力やタスク量を考慮しない人がいる。同僚が複数の仕事を抱えたり残業が続いたりしても黙認し、その人が置かれている状況や立場を考慮しない。その人は、過剰な負荷がかかっている同僚から「仕事の進め方を見直したい」という要望がきても、無視する。

基本合意を守る

先の例のすべてにおいて、対立の根本原因は、意見が異なる人に対する敬意のなさにあります。同僚の要望やニーズを考慮することができない、あるいはする意志がない人がたまにいますが、同僚の要望やニーズを考慮することこそ、自主経営チームの一員として建設的に働くための前提条件なのです。それがうまく機能しなければ、あるいはそれを実現するために最善を尽くそうとしない人がいれば、前提条件は崩れてしまいます。

このような対立が起こったときに、まず考えるべき問いは次のようなものです。

- チームで合意に達するために協力する用意ができているか？
- 自分と意見が異なる同僚に対して敬意を持っているか？
- 組織のフレームワークに沿って働く心構えができているか？

すぐに戻ってくる答えは、たいていの場合「イエス」でしょう。ですが、それが本当に実践されているかどうかを見極めるためには、定期的な評価をおこなうべきです。必ずしも、つねに実践されているとは限らないからです。これらの合意を何度も破るような人は、別の組織で仕事を探すように言われるはずです。

チーム内で対立問題を取り上げる

「自分たちで解決しなさい」と言われると、当然、次のような疑問がわくでしょう。

「チーム内で、どうやって対立について話し合えばいいのか？」

厄介な状況は、考えるだけでも気分のいいものではありません。話し合いの場を設けても、対立の当事者は、そこで出てきた意見が自分の立場を脅かす攻撃だと受け取って、さらに圧力をかけて不愉快な態度をとるかもしれません。このため、対立に対処しようと思ったら、それなりの勇気が必要になります。

こうした状況で役に立つのが、「自分が何を求めているか」という観点でコミュニケーションをとることです。まずは「自分が何を求めているか」「なぜ求めているか」を正確に理解し（目標）、「自分と他の関係者が持つ権力」についても理解すること（立場）から始めるのです。

たとえば、「マーク、新規の顧客からの仕事をとるかどうかは、ミーティングでみんなで話し合って、みんなで結論を出してからにしてくれると助かるけど。それについて合意できるかい？」

このように、何を変えたいかを口に出せば、それを非難と受け取られることはないでしょう。また、声に苛立ちを感じさせないことも重要です。声の調子だけで話し合いが難しくなることもあるからです。

マークが「嫌です」と言えば、対立の核心について話し合うべき段階に達しています。マークは「チームの意思決定は合意《コンセンサス》でなされる」というフレームワーク内で働くことを拒否しているからです。彼が「わかりました」と言えば合意がなされたことになります。その後、再びマークが自分一人で物事を決めた場合には、合意したことを指摘すればいいのです。

他のメンバーの態度について注意するのは難儀なものです。注意されるべき振る舞いは気持ちのいいものではありません（でなければ、注意しようとは思わないはずです）。そのような問題のある振る舞いをする同僚だからこそ、それを指摘すれば厄介なことに首を突っ込む羽目になるでしょう。いずれにしても、対立を引き起こしている同僚の態度を注意するのは、なんとも嫌なものです。たいていの人は、「喧嘩」になるより職場を変えたほうが「まし」だと思ってしまうでしょう。あるいは最善を尽くそうとする人もいますが、仕事を楽しむことなどまったくできないでしょう。

とはいえ、まずは話し合ってみることが重要です。問題を指摘しないでいると、対立はますます深刻になるばかりです。一方、話し合いの末に対立が無事に解決されると、お互いに信頼感が生まれ、チームワークの質を高めてくれます。

ここでもまた、自分の希望をはっきりさせるといいでしょう。

「サラ、今後は私や他の同僚について否定的な意見を言うのはやめてくれる？　私たちにとっても、チームにとっても害になるだけだから」

サラは自分がそんなことはしていないと否定するか、自分ではどうしようもないのだと正当化するかもしれません。でも、要望には同意するでしょう。結局のところ、その要望は理にかなっているからです。同僚に対する否定的な意見は良識から外れていますし、サラもそのことを十分にわかっているはずです。彼女が誰かについて否定的なことを言うたびに、そのことを指摘すればいいのです。「サラ、約束したのを覚えてる？」と。

第７章で説明したＳＤＭＩの５つのポイントを活用すれば、チームは対立した状況について話し合い、うまくいけば自分たちで解決できるようになるでしょう。

コーチからの助け

対立が根深く複雑になるほど、適切で現実的な合意に到達するまでに、かなりの労苦を背負うことになります。そのような場合は、コーチに助けを求めましょう（詳しくは第5章を参照）。

コーチは中立的で、チームワークのさまざまな状況や問題に対処する専門知識を持っています。また、チームの一員ではないため、微妙な問題でも関わりやすいのです。コーチが関与すれば、チームの対立を袋小路から抜け出させる手助けになるかもしれません。

コーチなら、先の事例で登場したマークに対して、次のように言うはずです。

「チームで下すべき判断を自分で勝手に決めつづけるようなら、自主経営チームにあなたの居場所はない」

もちろん、チームメンバーが同じことを言ってもいいのですが、同僚ではないコーチのほうが言いやすいのです。

改善プラン

対立を引き起こしている当人が改善の意志を示したら、コーチはチームに改善プランについて合意するよう促します。改善プランには次のような点が盛り込まれます。

「チームメンバーは、具体的にはお互いに何を求めているのか？」

「どのような具体的な合意がなされるべきか？」
「その合意はどのように評価されるべきか？」

言うまでもなく、このプロセスを通して状況を改善しなければなりません。改善しないようなら、プランの修正が必要です。プランを修正しても改善が見られなければ、それが何を意味しているのかについて、チームで話し合うべきでしょう。

対立におけるマネジャーの役割

「問題を引き起こしているメンバーをチームから外す。それ以外に解決策はない」。そんなところまで対立が深まってしまったら、マネジャーの出番です。チームメンバーとコーチは、問題メンバーを排除する権限を持っていません。それはマネジャーの職権です。

先ほどの例で言えば、マークを排除したいとチームメンバーがマネジャーに相談します。その際、排除の裏付けとなる改善プランの情報（ファイル）を提出します。マネジャーはファイルを検討し、組織内の決まりに照らして、排除を妥当とみなすだけの十分な根拠があるかどうかを検討します。「合意に達するよう、できることはすべてやったか？」「問題の従業員に、態度を改善したり、変え方を学んだりする機会を十分に与えていたか？」

十分な根拠がないなら、マネジャーはチームに相応の努力をするよう求め、他にどのような情報が改善プランに必要かを伝えます。チームと直接話し合って、改善の余地がまだあるかどうかを探ることもできます。そのような余地が見つけられれば、改善プランを継続するにあたってコーチに（もう一度）助けを求めるようチームに助言します。

慎重なプロセス

マネジャーが改善の余地を見出すことができず、改善プランのファイルにも必要な情報がすべてそろっているという結論に達したら、解雇の手続きを開始します。これは、拙速におこなうべきではありません。慎重に進めるべきですし、時間がかかるものです。とはいえ、チームメンバーに不必要な害をもたらすことは、言うまでもなく避けなければなりません。対立を何年も引きずると問題があまりにも複雑になり、どちらが「原因」なのかを特定するのが非常に難しくなります。加えて、チームのすべての話し合いがうまくいくとは限りません。解釈の違いを避けるためには、新たな合意をとるのも賢明かもしれません。

これも、ＳＤＭＩを使うときに対立の原因を探らない理由のひとつです。原因がもはや特定不可能で、各自がそれぞれに、事実に対する独自の解釈をしているからです。

「どうしてこうなったのか」に拘泥せず、現在の状況に基づいて現実的な合意を新たにつくり、それを評価するほうが建設的です。そうすれば、協力関係を阻害している元凶が誰なのか、明らかになるでしょう。対立者同士が合意に達すれば、それには他のメンバー全員が賛成しなければならないので、「チームは、その合意を支援する」ことになります。たとえ、どうしても合意に従うことができない、従う意志がないメンバーがいたとしてもです。

経験上から言って、マネジャーがこのプロセスを慎重に指導し、チームメンバー全員が真剣に意見を聞いてもらえたと感じていれば、誰でも結果に対する責任を果たすようになるものです。たとえば、問題のメンバーは裁判沙汰など起こさず、別の仕事を探すようになるでしょう。あるいは、問題のメンバーにふさわしい職場を探す手助けを組織がすることもありえます。

性格の不一致

性格が合わないというだけで生じる対立はたくさんあります。お互いを「理解」できず、それぞれに最善を尽くしているのに、うまく協力できないのです。たとえば、メアリーはトムに親しげに話しているつもりなのに、トムはメアリーがなんでもかんでも自分のせいにしていると感じて、自己弁護をしてしまいます。当然メアリーもそれに反発し、いつも口論になってしまいます。

もし性格の不一致が対立の根底にある原因なら、チームで関係改善に向けた合意をいくらつくっても、状況を根本から変えることはできません。このような場合は、誰かが（一人でも複数でも）別のチームに移ったほうがいいこともあります。良い仕事ができる人なら、組織としても失いたくはないからです。

これを促すのは、コーチの仕事になります。対立を理由に別のチームに移りたいと言う人がいる場合、異動先チームのメンバーたちは、こんなふうに警戒するでしょう。

「今度来るのはどんな人だろう？　前のチームでは、なぜうまくいかなかったの？　うちのチームならうまくいくと、なぜ思うんだろう？　うちのチームはとてもよく回っているのに……」

他のチームからすれば、自らチームを去るような人は、他者と協力できない人だとみなされる場合が多いのです。

当人に対する印象を前向きなものにするために、コーチが事前に準備できることがたくさんあります。多くの人は異動の理由を公開したがりませんが、それは従業員のプライバシーを侵害すると思うからです。とはいえ、異動の理由について何を共有するのか、別のチームに移りたがっている当人とあらかじめ合意しておけば、プライバシーを侵害することにはなりません。

異動の理由は、多くの場合、非常に妥当なものです。

■その人は、非常にしっかりと構造化された環境で働きたいと心から思っているが、現在のチームはその必要性を感じていない。
■その人は、複雑なタスクを担っていて、これからも続けたかったが、他のメンバーも同じ仕事に就きたがっている。別のチームなら、難しいタスクをやりたがるメンバーを歓迎してくれるかもしれない。
■その人は、とても直接的なコミュニケーションに慣れていて、他のメンバーがそのことに不満を感じていた。新しいチームでは、直接的なコミュニケーションのほうが合うかもしれない。

コーチが異動先のチームと面談して、異動を希望する人がうまくなじめるかどうかを探る場合、新メンバーについての話し合いは先入観なしにおこなわれる必要があります。

感情に対処する

対立の特徴のひとつが、高ぶった感情です。ここで感情というのは、悲しみ、不安、怒り、喜びなどです。喜びは通常問題になりませんが、他の３つはかなり対処が難しい場合があります。

もちろん、私たちはつねに感情を保有しています。ですが基本的に、問題を引き起こすほど強い感情になることはありません。喜びの感情なら、いくらあっても問題ありません。悲しんでいる人に対しては、なんと言葉をかけたらいいのか困りますし、怒っている人に対しては、恐怖を感じます。おどおどして、不安ばかり口にする人に対しては、「怖がることは何もないよ。ほら、気にしないで！」と声をかけたくなります。

感情が高ぶると、人は非常に危険になることがあります。あとで冷静になったときに後悔する人がほとんどですが、すでに粗暴な言葉を発しているので、関係性は変わってしまっているのです。チームの団結心は、一握りのメンバーの感情のせいで深刻な打撃を受けることもあります。では、感情に建設的に対処するにはどうすればいいでしょうか？

コミュニケーション術の中には、感情について話し合うことを推奨するものがあります。たとえば、次のような質問で、感情に注意を向けさせようとするのです。

「このことで、あなたがとても悲しんでいるのがわかるけど、そのことについて話したい？」
「君の表情が変わったけど、彼にあんなふうに言われて、どう感じた？」
「ジョンの意見であなたは固まったけど、何も言わなかったよね。何を隠そうとしているの？」

ところが、何かに注意を向けると、その対象は拡大解釈されるので、感情はおさまらず、逆に増幅してしまいます。それは必ずしも望ましい状況ではありません。特に職場環境においては、感情に任せることなく「ふつうの」会話をしたいと思うものです。

感情ではなく、話し合いの内容にもっと注意を向ければ、感情は自然と薄まっていくはずです。話し合いの内容に注意を引きつけるには、少し考えなければならないような問いを投げかけてみるといいでしょう。たとえば、「ミスを指摘するときに、お互いに対する言葉づかいをどう変えたらいいと思う？」といった問いかけです。考えることにエネルギーを集中させると、感情を維持するだけのエネルギーがなくなって、自然と薄まっていくのです。

感情、とりわけ怒りが表れる場では、そこにいる人たちがお互いの視点をあまり理解しようとしていない場合があります。相手に不当なことを求めているわけではなく、それぞれの攻撃性が互いに影響をおよぼしているのです。そのため、状況を変えるのがますます難しくなっていきます。なのでここでは、感情を増幅させないようにすることが重要になってきます。

感情は通常、非言語的に示されるもので、態度や顔の表情や声に最も現れます。これが攻撃的に表現されると、相手は攻撃されたと感じ、本能的に防御態勢に入ります。相手の反応も感情的なものになって、そうなると問題の根本原因に対処する効果的な手段はとれなくなります。

何が話されているかに注意深く耳を傾け、非言語表現を無視できれば、感情はさほど問題にはなりません。攻撃されていると感じることもなく、感情的に反応することもないでしょう。また、話されている内容に集中すると、実質的な回答を返しやすくなります。相手に考えさせるような質問を投げかけることで、相手の感情の高ぶりも軽減できるかもしれません。最終的には、関係者が建設的な話し合いをできるようにすることが狙いです。

意見の食い違いは解決しなくてもいい

対立や意見の食い違いを解決するのが重要だと思いがちですが、いつでもそれが可能というわけではありません。ひとつの意見にまとまらない場合もあるからです。また、それぞれの意見を掘り下げていくうちに、誰もが自分の意見に固執するだけの正当な根拠を持っていることがわかる場合もあります。

このような状況においては、異なる意見を残すことの影響について話し合うのがいいかもしれません。たとえば「失読症の生徒を支援する方法」「傷口への包帯の巻き方」「新規顧客の獲得」などについて話し合うとき、チームはひたすらAかBかについて話し合う（あるいは口論する）ことになります。しかし、異なる意見が両立できるのであれば、それぞれが自分に一番合っている手法を使えばいいことになります。これはつまり、チームの中で異なる手法を同時に併用するということです。そうすれば、意見の食い違いは実際には問題ではないと結論づけられるので、話し合いの必要はなくなります。

コーチと対立への対処

チームは、自分たちで物事に対処しきれなくなると、コーチに助けを求めます。このためコーチは、対立に陥った状況にたびたび直面します。第５章で、コーチがＳＤＭＩを活用して介入する方法をいくつか紹介しました。この方法を活用すれば、基本的に、どのような状況でも対処できるでしょう。

ここでは、対立の状況をもう少し詳しく掘り下げてみることにします。

一部のメンバーが、ある問題について話し合いたいと思っているのに、他のメンバーがそう思っていないという場合です。多くのコーチが、こうした状況には「シャトル戦略」が有効だと言っています。それを詳しく説明しましょう。

シャトル戦略

対立はときに、同じテーブルを囲んで話し合うこともできないほど深刻になる場合もあります。仕事はしますが、各自が自分の仕事をするだけで、コミュニケーションも必要最低限しかとりません。メンバーの何人かがコーチに助けを求めてくるかもしれませんし、コーチが自ら動いて、対立が解決できるかどうかを模索するかもしれません。では、何をすればいいでしょう？

まずは、関係者を同じテーブルにつかせたいと思うかもしれません。それがうまくいけば、対立について話し合うのもいいとわないはずです。しかし、関係者が一堂に会するにはかなりの時間と労力が、コーチの側にもチームの側にも求められます。また、対立する関係者が二人ともコーチに反発するリスクもあります。コーチとしては、対立する二人が、自分ではなくお互いに意識を向けてほしいと思っています。ですが、テーブルについたとたん、両者がコーチに意識を向けるので、気をつけないとコーチ自身が対立に巻き込まれてしまうかもしれません！

あるいは、対立する二人の意思を真剣に受け止めつつ、両者をひとつにまとめようとする努力はしないで、個別に話し合うという方法をとるかもしれません。その場合は、コーチが「シャトルバス」になって両者のあいだを行ったり来たりします。そうすると、両者はコーチを通じて互いに言いたいことを言うようになるでしょう。以下は、当事者との会話の例です。

ジョン「もういいですよ、僕はサラとはもう話しません。誰か別の人が話せばいいんですよ」
コーチ「あなたの代わりに私がサラと話してもいいけど」
ジョン「それがいいですね。そしたら彼女がどれだけおかしなことを言ってるか、コーチも自分の耳で確かめることができますよ」
コーチ「かもね。サラにはなんて伝えてほしい？」
ジョン「もう僕の悪口を他の同僚たちに言うなって伝えてほしい。みんなに僕の印象を悪く言いふらしてるんです。そのせいで僕は避けられています。そのうち、みんながいろいろ詮索しだして、僕は自分がよそものみたいに思えてきますよ。あとになって、〈あなたが休みの日に、サラがチームのみんなでランチに行こうって言ったよ〉みたいな話を耳にするんです。こんなんじゃ、うまくいきませんよ。もはや〈彼女が去るか、僕が去るか〉しかないってところまで来てしまったんです」
コーチ〈ペンと紙を手にして〉「彼女にそのまま伝えてほしい？」
ジョン「まあ、今の言い方は、ちょっときつかったかもしれません。〈サラが僕のことをみんなに話すときのやり方が気に食わない〉とだけ伝えてください」
コーチ〈ジョンに見えるように、彼の発言を一言一句同じように文章に書きとめながら〉「他に彼女に伝えてほしいことは？」

ジョン「サラのせいで僕はチームで除け者になったみたいに感じてて、いい気分じゃないってことでしょうか」

コーチ（この発言もそのまま書いて）「わかったわ。他に伝えたいことは？」

ジョン「今のが一番肝心なことです」

コーチはサラと面談をして、ジョンが言いたがっていることを伝えます。サラと話をするときも、コーチは頻繁に「ジョンにはなんて言えばいい？」と聞きます。

こうすれば、対立する関係者同士の対話を橋渡しすることができます。ここでも、コーチが双方の発言を判断しないことが重要です。「そうね、でもサラ、ジョンにそんなことを言っちゃだめじゃない！」といった発言は、対立への干渉を意味します。お互いに何を言いたいのかを書きとめ、場合によっては声に出して読み上げれば、その発言の内容は双方に責任があるものだと示唆することができます。

対立解決の6ステップ

チームメンバーやコーチが対立に直面したとき、定型の対立解決プロセスに従うのもひとつの方法です。対立がどの段階に達しているか、どのカテゴリーにあてはまるかは関係ありません。SDMIでは、対立を定義したり、カテゴリーに分けたりしないからです。SDMIの章で説明した5つのポイントに基づいて、介入の方法を選びましょう。

次の6つのステップは、解決プロセスのガイドラインとなります。

STEP 1 目標を決める

すでに述べたように、目標がなければ動き出すことはできません。ときには、目標を決めるのに時間がかかります。対立に対処しようとすると、チームメンバーの目標が相反することもよくあります。ここでのコツは、共通の目標を設定することです。そうすれば、それを土台として現実的な合意に達することができます。

たとえば、研修予算の配分について、リチャードとエリザベスがよく錬られた案を持っているのに他のメンバーが賛同していない場合、おそらく目標の矛盾が生じています。そうなると、共通の目標は「チームメンバー全員が予算の配分に納得する」になるかもしれません。

リチャードとエリザベスがその目標に賛同できたら、次の問いは「納得できる配分方法をどうすれば決められるのか?」になります。

リチャードとエリザベスが同僚たちの希望や関心を考慮しないのであれば、二人は明らかに「研修予算の配分に納得する」という共通の目標を共有できていません。

二人が自分たちの目標を変えたくないなら合意に達することができないので、ステップ6に進みます。同僚の希望も考慮すると言うなら、ステップ2に進みます。このように、共通の目標を設定するまで、あるいは状況が改善しないとわかるまで、ある程度ミーティングを重ねる必要があるかもしれません。

STEP 2 物事がうまく回る状況をつくるための合意をとる

ステップ1で共通の目標が合意できたら、その目標をいかに達成するかも合意できるはずです。ここで重要なのは、合意を守らなかった場合の結果について話し合うことです。

ステップ1の例では、「全員が賛同した進め方に従う」といったものになるかもしれません。その場合、リチャードとエリザベスは、他のメンバーの言い分を検討し、同僚たちを満足させるように努力する必要があります。

STEP 3 合意を実行する期限を決める

その合意によってどんな結果になるかは、事前にはわからないものです。なので、その合意を実行する期限をあらかじめ決めておいたほうがいい場合もあります。その期間内は合意に従って働けばいいですし、より詳細な結果を把握できるようになります。

STEP 4 希望があれば、合意事項の結果を評価する

ステップ３で決定した期間が過ぎたあとに結果を評価し、必要があれば合意を調整します。

STEP 5 合意が尊重されない場合——新たな合意を決めるか、結果について話し合う

合意に沿って仕事を進め、しばらく経つと、その合意は（まだ）うまくいっていないことにチームが気づくかもしれません。その場合、改善できる点が特定され、それが新しい合意を決めるきっかけになることもあります。であれば、ステップ２に戻りましょう。

あるいは、目標を修正する必要があることがわかれば、ステップ１に戻ります。

あるいは、この段階になって、全員が目標を完全には受け入れていないことがわかるかもしれません。たとえば、リチャードとエリザベスが、他のメンバーの希望を考慮に入れたがらないような状況です。その場合は、チームとしての結論を出すために、新たな合意に達することができるかどうかを話し合いましょう。

STEP 6 現実的な合意に達することができない場合――マネジャーに対処を要請する

最終的に「関係者が合意に達することができない」「現実的な合意が出てこない」「合意が尊重されない」ことが繰り返される場合もあるかもしれません。チームが、「物事を現状のまま放置する」場合もあるでしょう。事態がもはや機能しないようになったら、コーチはチームに対して「対立に対処してくれるようマネジャーに要請する」ことを勧めます。

コラム 9

情報の透明化が必要な理由

——吉原史郎

情報の透明化が自主経営への近道

本書では、さまざまな箇所で現場チームに役立つ情報提供について触れられていますが、私も「情報の透明化」は自主経営を進めるうえで避けて通れない問題だと考えています。

情報の透明化とは、「(制限すべき理由がないかぎり）組織にいるすべての人が閲覧できる状態」を意味しています。事業面、財務面、人事面でさまざまな種類の情報がありますが、できるだけ透明化を進めたほうが自主経営への移行も速く実現できるでしょう。

もし情報の透明化がされていないと、どんな問題が生じるでしょうか。

一つ目は、「現場の意思決定力が弱まる」ことです。現場で必要な情報であるにもかかわらず、マネジャー以上のメンバーだけしか見ることができないと、メンバーはそのつどマネジャーにお伺いを立てなければならず、現場の意思決定スピードは確実に落ちるでしょう。

さらに、メンバーから、より経営に近い意思決定をおこなう機会も奪ってしまうことになります。たとえば、財務情報が一部しか公開されていない場合、メンバーは「資金の投資余地を鑑みながら優先的に資金を配賦する」という大きな意思決定の経験を積むことが難しくなります。

結果として、メンバーがマネジャーに指示を仰いだり、逆にマネジャーがメンバーに指示を与えたりするような、従来のやり方が継続される可能性も高まるのです。

二つ目の問題は、必要以上に情報が隠されていると、「経営陣への不信感」が生まれるかもしれません。自主経営の原則は本書でも繰り返し述べられているように、上司・部下の関係ではなく「信頼に基づく自己組織化」を進めることです。

経営陣が「自主経営に移行する」と宣言しているにもかかわらず、現場の意思決定が阻害されるようなことがあれば、メンバーは「自分たちは信頼されていない」と感じるかもしれません。すると、自主経営への意欲も削がれてしまうことになるでしょう。

このように、情報の透明化がされていないと、自主経営がお題目で終わってしまうという状況が生まれます。とはいえ、「すべての情報を一度に透明化すべき」と言っているわけではありません。情報を透明化することに対して反発や疑問が投げかけられるなど、大なり小なりカオス（混乱）が起こる可能性があるからです。

情報の透明化へのステップ

では、情報の透明化はどのように進めていくのが良いのでしょうか。情報の種類によって透明化がもたらすインパクトが異なるため、組織に生じるカオスの大きさも変わってくることに留意することが重要です。

そのため、小さなカオスから経験することで、メンバーが学習を深めていくのが良いステップだと考えています。カオスは必ずしも悪いものではなく、組織が自主経営を深めていくための貴重な学びを与えてくれるプロセスなのです。

これから、情報の透明化を進めていくための標準的なステップをお伝えします。もちろん組織によって進め方はさまざまなので、目安として参考にしてください。

①情報の透明化の現状を確認する

まず、「現在、どの情報が透明化されているか」を整理しましょう。具体的には、以下のような情報が挙げられます。

- 財務や経理情報（たとえば、売上や給与などの費用項目）
- 事業進捗に関する情報（たとえば、営業関連の問い合わせ件数や、ホームページへのPVや滞在時間など）
- 総務や人事労務に関する情報

それぞれ、「組織全体で共有されている」「部門内だけで共有されている」というように程度の違いがあるでしょう。ここでは、透明化されていないことを悪く捉えるのではなく、「仕事を進めていくうえで必要な情報が透明化されているかどうか」に焦点をあてることが大切です。

透明化すべきでない情報がある場合は、「なぜ透明化しないのか」という理由と、「誰が何のために使用する情報なのか」をしっかり共有しておくと、余計な不信感を生まずに済むでしょう。

②どの情報から透明化するか、当たりをつける

現状が整理できたら、「どの情報から透明化していくか」を検討します。前述したように、情報の種類によって透明化がもたらすインパクトやカオスの大きさが異なるので、メンバーの共感を醸成するまでの時間も異なってきます。

たとえば、売上や顧客からのフィードバックのような、全員の業務に直結する情報は、透明化しやすいでしょう。一方で、「給与・報酬」や「評価」に関する情報は、組織の安心・安全な土壌が育まれていないと、必要以上のカオスを生みだしてしまうかもしれません。

また、財務情報のように専門性の高い情報は、分析したり読み取ったりするスキルをメンバーが身につける必要があるかもしれないので、そのための時間も考慮しておくとよいでしょう。

③対話によって共感を育み、透明化を進める

透明化する対象が見えてきたら、メンバーと対話しながら透明化を進めていきます。もちろん、すべての情報を一気に透明化することも可能ですが、前述したように、給与や報酬に関する情報は過剰なカオスが生まれやすく、より丁寧な対話が必要となります。

これらの情報は、従来なら管理職側に大きな権限があり、メンバーにとってはブラックボックスだったものです。そのため、「なぜ透明化したいのか」という理由に加えて、「誰がどのような手続きで決めているのか」という現状の仕組みも理解してもらうことが必要です。

対話を通じて、メンバーから改善案やフィードバックがたくさん挙がることもあるでしょう。そうして自発性を高めることで、自主経営への移行も円滑に進んでいきます。

ある企業では、経営者が『ティール組織』の自主経営に大いに共鳴し、すぐに情報の透明性を高めようとして、給料の公開に踏み切りました。唐突な情報公開にメンバーはとても驚き、「望んでもいないのに、お互いの給料を知らされてしまった」と抵抗感

を抱く人も多くいました。そうした負の感情が組織内に渦巻き、経営者への不信感が募り、メンバー間の関係性に亀裂が生じるようになってしまったのです。

幸い、経営者はすぐに異常を感じて手を打ちました。信頼する外部のパートナーに依頼してメンバーとの対話の場を設け、「信頼しあえる組織にしたかった」という透明化する真の意図をメンバーに説明し、理解を得ることができたのです。その結果、メンバーの給料公開を一時保留し、まずは役員報酬の公開から進めました。

経営者ご自身のチャレンジ自体は素晴らしいと言えましょうが、この事例は、情報化の意図をしっかり説明することと、小さなカオスから経験することの大切さを教えてくれます。

このように、実行しやすい情報から透明化を進めていくことで、自主経営に慣れる期間を設けることができるのです。

対話の土台を育んでおく

これまで述べてきたとおり、情報の透明化にも対話が欠かせません。その土台となるのが、〈コラム2〉で既述した「心の循環の土壌」と「存在目的への共鳴」と言えるでしょう。

これらの要素がうまく育まれていないと、心からの対話ができないため、メンバーの共感を得たり、多様な意見を募ったりすることが難しくなります。経営者もメンバーの多様な文脈を自分自身のレンズでしか観ることができないため、せっかく対話を設けても活かすことができず、組織から離反する人が続出する危険性もあります。対話の土台をしっかりと育んでおくことは、転ばぬ先の杖となるのです。

第10章

最後に……よくある質問

この本では、自主経営《セルフ・マネジメント》が何を意味するか、また、階層型組織から自主経営組織への移行プロセスがどのようなものかについて、可能なかぎり全体像を伝えようとしてきました。

私たちの仕事は、多種多様な組織が、それぞれに特有の状況に適した自主経営の形式を実現できるよう、経営陣を支援するというものです。また、コーチやチームメンバー、間接サポート業務を担う人々に研修を実施して、自主経営組織でより効果的に働くスキルを身につけられるよう支援しています。これを医療から教育、公共団体まで、パン屋のチェーンから工業部品の卸売業者、旅行代理店まで、オランダ内外を問わず、さまざまな業種でおこなってきました。

その際、きわめて多岐にわたる組織の人々から、自主経営に関するさまざまな質問を受けてきました。ここにいくつか挙げてみましょう。

1 導入段階で、チームメンバーには「どの程度まで」関わってもらえばいいか？ また、この「どの程度まで」が本当の意味での参加と言えるのか？ あるいは、チームメンバーには、支配権をまったく与えないのか？

2 変化に抵抗する従業員は多いだろう。これを防ぐには、どうすればいいか？

3 自主経営組織での変革を準備するようなワーキンググループを設立することは可能か？

4 チームが組織運営のタスクについて責任をとりたがらない場合は、どうすればいいか？ たとえば、チームが自分たちの勤務表を作成したがらない場合などは？

5 マネジャーとして、チームが責任を果たさない場合は、どうすればいいか？

6

マネジャーとして、チームメンバーの状態の良し悪しを把握しつづけるには、どうすればいいか？

7

マネジャーは、自分がきちんと仕事をしていることをどうやって保証すればいいか？言い換えれば、マネジャーの面倒は誰が見るのか？

8

チームに見切りをつけるのは、どういうときか？

9

イノベーションにおいて、間接部門はどのような役割を果たすのか？　間接部門の従業員の中には、現場のチームメンバーについて文句を言う人もいるだろう。「現場に任せていたら、私たちは鉛筆と紙を使って仕事をする羽目になりますよ」と。

10

間接部門も、自主経営チームにする必要はあるか？

11

自主経営の導入初期から、間接部門のメンバーも変革プロセスに含めるべきか？

12

間接部門は、現場のチームが組織のフレームワーク内できちんと機能していないことに気づいたら、どうすればいいか？

13

間接部門は、チームメンバーからタイミングよく詳細情報（たとえば、記録）を受け取れない場合は、どうしたらいいか？

14

誰を間接部門のメンバーとして扱って、誰を現場のチームメンバーとして扱えばいいか？　現場のチームに属しながらも、間接部門の人たちと同じ場所で働き、現場のチーム運営タスクを担う個人は、どう扱えばいいか？

15

間接部門が、複数の現場のチームに同じ問題があることに気づいた場合、組織内でこの問題をどのように扱えばいいか？

16

自主経営を始めるにあたって、チームにとってまず重要なことは何か？　何について話し合えばいいか？

17

自主経営チームが動き出したとき、コーチにできることは何か？

18

チームリーダーにコーチング・マネジメントの研修を受けさせて、チームにもっと権限を与えれば、自主経営組織であると言えるのか？

19

自主経営がうまくいかなかったら、階層型組織に戻ってもいいか？

20

自主経営が難しすぎるチームがあったら、そのチームは一時的にマネジャーの下で働くやり方に戻ってもいいか？

21

すべての従業員が自主経営組織を求めているのか？

22 チームが責任を果たさず、仕事に最善を尽くさない場合は、どうすればいいか？

23 責任があるというのは、実際にはどういう意味か？

24 チームミーティングは、どうしてそれほど重要なのか？

これらの質問の多くは、次の基本原則に落とし込むことができます。

■クライアントと現場業務にとって最善の行動は、どういったものか？
■そして、これらの意思決定は、組織のフレームワークに沿っているか？

ここでのカギは、経営陣、間接部門、現場のチームの全員が、それぞれの分野でつねに協力しながら働き、物事を一緒に解決することです。そこで、自己組織化を機能不全にする最大の危険要素となりうるのは、組織のメンバーが他の誰かの代わりに
なって考えはじめることです。これは、営利事業でも非営利事業でも同じです。

本書では、実際の状況でおこなわれた意思決定の実例をいくつも紹介していますが、どの状況もそれぞれに異なるものであり、自主経営は組織特有の要件に合わせて調整されるべきです。先ほど紹介した質問への答えが見つからない、あるいは自主経営に関するあなた自身の問いへの答えが見つからないなら——あるいは、本書をまた頭から読み直すのはちょっと億劫だなと思うなら、zelfsturing@ivs-opleidingen.nl までご一報ください。

あなたの状況に最も適した答えを見つけられるよう、喜んでお話ししましょう。

アストリッド・フェルメール
ベン・ウェンティング

●著者プロフィール

アストリッド・フェルメール Astrid Vermeer
ベン・ウェンティング Ben Wenting

Instituut voor Samenwerkingsvragstukken（組織課題の研究所）創設者。『ティール組織』で最も多く取り上げられたオランダ最大の訪問看護組織〈ビュートゾルフ〉の自主経営化に携わる。そのノウハウを活かして、大企業からスタートアップまで世界各地の組織変革を支援している。

●訳者

嘉村賢州 Kenshu Kamura

場づくりの専門集団NPO法人場とつながりラボhome's vi代表理事、東京工業大学リーダーシップ教育院特任准教授、コクリ！プロジェクトディレクター。2015年に「ティール組織」の概念と出合い、日本で学びのコミュニティづくりや組織変革の支援をおこないながら探求を深めている。解説に『ティール組織』（英治出版）、共著書に『はじめてのファシリテーション』（昭和堂）など。

吉原史郎 Shiro Yoshihara

Natural Organizations Lab 株式会社 代表取締役。日本初「Holacracy（ホラクラシー）認定ファシリテーター」。証券会社、事業再生ファンド、コンサルティング会社を経て、2017年に、Natural Organizations Lab 株式会社を設立。自然から学ぶ「いのちの循環」を軸にした経営支援に取り組む。著書に『実務でつかむ！ティール組織』（大和出版）。

●本書の仕様

判型	：	四六変型判（左右120×天地188mm）
製本	：	並製／あじろ綴じ
本文	：	b7バルキー　四六Y69kg
カバー	：	グラディアCoC　四六Y120.5kg
帯	：	グラディアCoC　四六Y99kg
表紙	：	OKマットポスト　四六Y180kg
見返し	：	TSギフト-7／ソーダミント　四六Y70kg
本扉	：	グラディアCoC　四六Y71.5kg

自主経営組織のはじめ方

現場で決めるチームをつくる

2020年2月20日　第1版　第1刷

著者　アストリッド・フェルメール、ベン・ウェンティング
訳者　嘉村賢州（かむら・けんしゅう）、吉原史郎（よしはら・しろう）
発行人　原田英治
発行　英治出版株式会社
〒150-0022　東京都渋谷区恵比寿南1-9-12ピトレスクビル4F
電話　03-5773-0193　　FAX　03-5773-0194
http://www.eijipress.co.jp/
プロデューサー　下田理
スタッフ　高野達成　藤竹賢一郎　鈴木美穂　山下智也　田中三枝
安村侑希子　平野貴裕　上村悠也　桑江リリー　石﨑優木
山本有子　渡邉吏佐子　中西さおり　関紀子　片山実咲
印刷・製本　中央精版印刷株式会社
装丁　竹内雄二
翻訳協力　松本裕
株式会社トランネット（www.trannet.jp）
編集協力　和田文夫（ガイア・オペレーションズ）

ISBN978-4-86276-282-5　C0034　Printed in Japan